Byt perspektiv

Reflexioner om skolan

Irene Dolk Castellanos

Byt perspektiv

Reflexioner
om skolan och om lärande för lärare, elever och alla andra

Förlag: BoD – Books on Demand, Stockholm, Sverige
Tryck: BoD – Books on Demand, Norderstedt, Tyskland

ISBN: 9789179691103

Till alla mina elever,
som lärde mig att vara lärare

Innehållsförteckning

I

II

Inledning

Sjömannen ber inte om medvind.
Han lär sig segla.
(Gustaf Lindborg)

Läraruppdraget – att skapa en medmänniska, att forma, styra och utveckla en medmänniska. Det är inte en lätt uppgift. Det är stort.

Jag vet inte vad som kändes störst, när jag fick matematiklärarjobbet i Schweiz, efter att ha gett en provlektion om hur man löser en andragradsekvation för de två rektorerna på Institut Minerva i Zürich, i slutet av 60-talet eller när jag stod framför över 100 elever i sal 115 på det katolska universitetet i Guatemala och skulle undervisa i Matematikkurs 1 för ekonomer på spanska 20 år senare.

Eller att sedan, 30 år senare, ha digital undervisning i Sverige, i mitten på mars 2020, för gymnasieelever under pandemins första månader. Jag tror att var och ett av de tre momenten var lika givande, underhållande och lärorika just då.

- Mitt mål var att lära eleverna tänka matematiskt, förstå det matematiska språket och njuta av mönster och symmetri.
- Elevernas mål var att få betyg.

Det är lärarens jobb att få dessa mål att passa ihop. Det är ett förtroende att få vara lärare. Ett fantastiskt sådant.

Att vara lärare innebär att vi ska klara av och ha de verktyg som behövs för att bli

en bra ledare i skolan,

en förläsare med ämneskunskaper,

en skådespelare,

en regissör,

en psykolog,

en terapeut,

en kunnig talare,

en coach

en administratör,

en sekreterare och

en tidsoptimist.

och kombinera dessa till varje lektion.

Vi talar då om undervisningsuppdraget.

De tre första termerna hör till undervisningen och de tre sista är administrativt arbete.

Undervisningsuppdraget = (Planeringsarbete + Undervisning + Efterarbete) + Dokumentation och administration+ Utvecklingssamtal + Möten och konferenser

Vilken lärarhögskola har ett så komplett utbud av kurser för lärare?

Och när är man fullärd som lärare?

Man lär med tiden.

Jag var absolut varken en god talare eller psykolog när jag fick matematiklärarjobbet i Schweiz, men jag lärde mig under åren.

"Experience is the best teacher"

1

Idag har jag så mycket att göra så jag tror jag gör det imorgon i stället

Det är många som skriver om skolan. De skriver om hur roligt det är att undervisa, hur mycket de ha att göra och vad som skulle vara bra att ha, hur lite tid det finns för allt och om bristen på lärare och speciallärare.

De skriver om de nationella provens vara eller inte vara och om hur svårt det är att undervisa i den digitala världen.

Jag pratar om läraren.

Jag är lärare, matematiklärare på gymnasiet. Jag vill äga min historia. Ingen annan ska äga den. Det är en historia om medmänsklighet och lycka, sinnesfrid och med full potential, om att vara helt uppriktig och att lösa problem, om möjligheter och svårigheter.

Skillnader ger konflikter. Konflikter ger problem och problem ska lösas.

Jag har varit lärare i många år. Jag är född i
Stockholm, uppvuxen i en liten stad i Norrland
och redan som liten hade jag glasögon. Jag var
vindögd. Detta gjorde att jag blev blyg och kände
mig mindervärdig, ful och inte accepterad.

Jag kände mig utanför och det enda jag hade var
skolan.

Mamma färgstark och bestämd, mycket snäll, lojal
och vacker. Om något inte blev så bra, sa hon
alltid: "Det går bättre nästa gång."

Hon blev sjuk i cancer, och dog när hon bara var 51
år gammal. Precis några månader innan jag tog
studenten.

 Hon hade inte haft det lätt i äktenskapet. Hon
började jobba när pengarna tröt.

Pappa var inte så mycket närvarande. Detta
påverkade vardagen. Vardagen ställdes in på
grund av honom. Ingen pratade om detta.

Man glömmer inte det onda, men tyvärr glömmer
man det goda också. Ta dina utmaningar. Jag var
en vingklippt fågel som ville bort. Helst dit ingen
annan flög. Helst dit det var svårt att komma.

Jag blev speciallärare med inriktning på döva barn. Jag gick lärarhögskolan i två år, ett år till ämneslärare och det andra året gick jag speciallärarutbildningen.

Jag blev gymnasielärare i matematik, ekonomi, geografi och samhällskunskap och har undervisat i Schweiz på tyska, i Guatemala på engelska och spanska.

I USA var jag svensklärare på svenska skolan i Washington och spansk hemspråkslärare för små barn. För att undervisa i vanlig skola i USA måste man vara Certifierad enligt deras egen standard.

Jag har lärt mig mycket under vägen och nu mer än 50 år senare, undrar jag, om jag skulle ha gjort samma resa igen, om jag fick leva om mitt liv.
I Guatemala undervisade jag i matematik först på gymnasiet och då på engelska. Där har man tvåspråkiga skolor, där barnen börjar lära sig engelska som 4-åringar.
Jag undervisade sedan också i matematik på det amerikanska universitetet i Guatemala "Universidad del Valle". Där var undervisningen på spanska och eleverna skulle bli ingenjörer.

Jag var utomlands i ungefär 30 år och när jag kom tillbaka till Sverige fick jag tjänst på en Gymnasieskola, där jag undervisade i matematik på engelska på IB-programmet och även på det nationella programmet. Jag specialiserade mig på att hjälpa elever med matematiksvårigheter.

Efter pensionen var jag IB-lärare och Speciallärare på ett annat gymnasium och de tre sista åren har jag varit resurslärare på en tredje gymnasieskola. Jag har under alla år sett skräckexempel på undervisning i matematik och förtvivlade elever. Lärare har hållit matematikföreläsningar, med elever, som inte har förstått något alls av lektionerna. Bara föreläsning, räkna i boken och sedan prov. Hur roligt är det. Då gör man som elev något annat på lektionen.

Finns detta i en skola finns det säkert i flera

Många elever slutade med ett F i betyg. Det är inte acceptabelt. Det berodde inte på eleverna. Läraren är till för eleverna och ska se till att de får den kunskap de behöver

Att förändra sig själv som lärare och anpassa sig till olika eleverna är något nödvändigt.

En föreläsare anpassar alltid sin föreläsning efter vilka åhörare han har.

Det bör vara likadant i skolan.

Man måste vara inspirerad och förberedd för uppgiften, man måste känna till målet och kunna ta sig dit, dvs få jobbet gjort.

Det gäller värderingar, drivkraft och målsättning.

Vi måste ha ett sammanhang på lektionen, då får det en mening för eleverna. Vi måste ha ett sammanhang i livet. Mitt sammanhang var skolan, undervisningen, matematiken och eleverna.

Eleverna med svårigheter i matematik.

Varje människa är ett pussel och bör få vara den de är. Behåll dig själv och dina förväntningar.

Lev inte efter andras förväntningar. Det måste alltid finnas planer och projekt för att kunna gå framåt. Det gäller att hitta dessa planer och hitta vägen framåt.

Gör vad du tror är rätt. Är det fel så ändrar du på strategin. Målet nås så småningom.

Att få spännande uppgifter är härligt Att skratta är en gåva och alla borde lära sig att älska sina jobb och ta hand om sig själva för att på det viset kunna gå framåt.

Går vi framåt blir vi bättre.

Och visst är det roligt att lösa en andragradsekvation.

All denna undervisning i olika länder olika skolformer och på olika språk har gett mig en stor beprövad erfarenhet, inte bara i att anpassa mig efter landet, språket och kulturen, utan också att kunna förstå elevers dilemma många gånger, när de inte kunde förstå.

Eleverna har inspirerat mig att skriva denna bok om lärare, deras jobb och verklighet och då speciellt om matematiklärare och deras många gånger brist på förståelse för elever med svårigheter. Men också om hur verkligheten som lärare ser ut i dagens Sverige.

Jag hoppas att boken initierar samtal om skolan och ger idéer om vad som behövs göras för att eleverna ska må bättre, lära sig mera och bli de världsmedborgare vi vill att de blir. Det är ju för eleverna som skolan finns.

Jag hoppas också att kunna bidra med strategier för en bättre skola och en bredare debatt om skolan.

Våra elever värda en bättre skola.

Hur övervinner vi barriärer?

Det finns lösningar och sociala normer. Människan är ett flockdjur, som gärna gör det andra gör, men det är olika i olika länder. Vi kan lyssna på andra, men vi måste hitta det som passar oss själva bäst.

2

Kartan är inte verkligheten

Läraruppdraget – att skapa en medmänniska, att forma, styra och utveckla en medmänniska.

Skolväsendet vilar på demokratins grund och skolans uppgift är skrivet i Skollagen:

Skollagen (2010:800) slår fast att utbildningen inom skolväsendet syftar till att elever ska inhämta och utveckla kunskaper och värden. Den ska främja elevers utveckling och lärande samt en livslång lust att lära. Utbildningen ska förmedla och förankra respekt för de mänskliga rättigheterna och de grundläggande demokratiska värderingar som det svenska samhället vilar på. Undervisningen ska vila på vetenskaplig grund och beprövad erfarenhet. Var och en som verkar inom skolan ska också främja aktning för varje människas egenvärde och respekt för vår gemensamma miljö. Människolivets okränkbarhet, individens frihet och integritet, alla människors lika värde, jämställdhet mellan kvinnor och män samt solidaritet mellan människor är de värden som utbildningen ska gestalta och förmedla.

I överensstämmelse med den etik som förvaltats av kristen tradition och västerländsk humanism sker detta genom individens fostran till rättskänsla, generositet, tolerans och ansvarstagande.

Undervisningen ska vara icke-konfessionell.

Skolans uppgift är att låta varje enskild elev finna sin unika egenart och därigenom kunna delta i samhällslivet genom att ge sitt bästa i ansvarig frihet.

Genom Skollagen (2010) och Läroplanen Lgr 11 (2011) har dagens lärare ett krav på sig att, kontinuerligt, föra anteckningar om alla elever samt hålla ett utvecklingssamtal per termin för varje elev.

Uppdraget som läraren, enligt skollagen, har är att:

1. Samarbeta och ha ledarskapskvalifikationer i klassrummet
2. Ska kunna ge stöd och anpassningar till de elever som behöver det
3. Ska ge eleven delaktighet i undervisningen
4. Ska inte diskriminera någon
5. Måste skriva dokumentation om sin undervisning samt föra dokumentation som behövs för att stödja sina elevers kunskapsutveckling och för att sätta betyg
6. Har en anmälningsplikt om det finns skäl för att eleven far illa.
7. Har tystnadsplikt och sekretess. Detta innebär att uppgifter om elever och deras anhöriga, som kan skada, inte får lämnas ut till obehöriga.

8. Dessutom ska läraren kunna undervisa och ha ämneskunskaper
9. Samt motivera eleven till ett livslångt lärande så att hon/han kan delta i ett demokratiskt samhälle på bästa sätt.

Sammanfattningsvis ska lärarna vara ledare, ge stöd och anpassning till behövande elever, dokumentera allt av värde, och ge eleven ämneskunskaper samt motivera eleven till ett livslångt lärande.

Detta yrke har jag haft och utövat under mer än 50 år och jag skulle kunna fortsätta med det.

I början var jag varken skådespelare eller regissör, jag gjorde det jag trodde var rätt, och det jag varit med om själv. Ibland var det bra men inte alltid. Man lär sig genom att misslyckas och att misslyckas mindre nästa gång.

Jag kom in på Lärarhögskolan. Där fick man studera pedagogiska teorier första terminen. Andra terminen fick vi en halv tjänst på en skola, med handledare från skolan. Mina ämnen var matematik och geografi.

Jag har läst Pedagogik också. Min geografihandledare var en medelålders man och hans lektioner var alltid likadana. "Öppna boken på sidan 53 Pelle var god och läs......Lisa fortsätt att läsa" osv. I princip läste de i boken varje lektion. Jag skulle ha lektion, för handledare, elever och metodiklektor.

Eleverna var vana att bara läsa i Geografiboken. Jag ville att det skulle vara något annat på lektionen.

Vad hade jag lärt mig? Inte mycket.

Av handledaren hade jag inte lärt mig något.

Jag ville visa något nytt på lektionen och det nya då var overheadapparaten. Detta var 1966.

Jag jobbade hela söndagen innan med att färdigställa en overhead med öknar i världen. Man kunde fälla ut och fälla över vissa blad. Det fanns ju ett mönster. I väster fanns ett hav sedan längre österut en bergskedja, där det regnande och blåste och så en öken eftersom det var då i regnskugga. Jag var nöjd.

Jag lärde mig mycket. Jag lärde mig ännu mer när jag öppnade klassboken och skulle börja undervisa.

Lektionen började och längst bak till vänster, satt min handledare från skolan och min metodiklektor från Lärarhögskolan.

Mitt overheadblad med öknarna låg på overheadapparaten.

Vid lektionens början skulle närvaro tas och då öppnade jag den stora klassboken. Väl öppnad såg jag en långhårig mask i den. Jag visste inte vad jag skulle göra, tankarna kom och gick. Jag var rådvill, och när jag ropat upp alla i klassen, stängde jag klassboken och började prata om världens öknar, som om inget hänt.

Jag visste inte vad jag skulle göra med masken och gjorde inget alls.

Vi lektionens slut kom två elever med nedböjda huvuden fram till mig och sade: "Vi skulle vilja ha vår mask tillbaka".

Det var två väldigt besvikna pojkar.

Då förstod jag att det är många gånger bättre att inte göra någonting alls, och bara observera.

Det jag ville veta från början, vilka som hade lagt masken i klassboken, fick jag ju reda på och lektionen stördes inte.

Pojkarna fick sin mask tillbaka.

Om handledaren och metodiklektorn såg incidenten vet jag inte. Jag frågade aldrig. Jag var glad att lektionen var över.

Det finns annat än lektioner i uppdraget också. Det gäller främst alla digitala plattformar som ska fyllas med all dokumentation om lektioner, läxor, prov och närvaro av elever, eventuell kommunikation med hemmet, utvecklingssamtal, öppet hus och så vidare.

Då när jag hade min lektion om öknarna i världen, var dokumentationen färdig i och med att klassboken var ifylld.
Efterarbetet var diskussionen med Metodiklektorn.
Lektionen efter, där fortsatte eleverna helt säkert att läsa i geografiboken.

Numera måste mycket annat in i de digitala plattformarna. Något om varje elev. Det tar tid.

Alla lärare klagar på en allt högre arbetsbelastning med dokumentation. Så ska det inte vara.

Det går bättre om man förstår problemet med att vara lärare. Det blir bättre om vi benar upp det lite.

Uppdraget som en lärare har består av sex komponenter, planeringsarbete, undervisning, efterarbete eller ställtid, dokumentation, utvecklingssamtal och möten
Undervisningsuppdraget som en formel är

$Uu = (Pl + Uv + Ef) + Do + Us + Mt$

Pl= planeringsarbete och förberedelse

Uv= Undervisning

Ef= Efterarbete eller ställtid

Do= Dokumentation

Us= Utvecklingssamtal

Mt= Möten

Kärnverksamheten, som är undervisning med för och efterarbete, de tre första variablerna i formeln är det viktigaste för läraren. Undervisningen är tillsammans med eleverna och förberedelserna för denna kan variera.

Uppgifter med administrativ karaktär och övriga arbetsuppgifter, de tre sista, dokumentation, utvecklingssamtal och möten får inte ta tid från själva undervisningen, men dokumentationen tar väldigt mycket tid och energi för många lärare. Denna får inte ta över.

Energi och tid som skulle kunna användas till lektionsarbete för att åstadkomma bättre och mer motiverande lektioner till eleverna.

Mycket av dokumentationen görs för att lärarna ska känna sig trygga. Det är ett förtroendeuppdrag vi lärare har. Vi lärare måste själva förstå hur vi ska använda tiden.

Till ställtiden, reflexioner om lektionen finns ofta ingen tid. Dokumentationen om elever tar över.

Om vi nu säger att undervisningsuppdraget är 100% dvs den tiden som finns. Det tiden bör läraren arbeta med undervisning och allt som det medför.

Uu = Undervisningsprocessen + Administration

$Uu = Up + Adm$

Undervisningsprocessen bör ta minst 85% av tiden och Administration resten 15% ungefär, inte mer.

Läraren bör få vara just lärare och förbereda dessa meningsfulla lektioner som gör eleverna motiverade. Det som gör att vi lärare visar att vi är ledare och innovatörer är viktigt.

Vi måste få eleverna att samarbeta och ha roligt, och samla krafterna för att få ut den största möjliga positiva effekten av undervisningen.

Det gäller att ha aktiva lektioner, samtal, undersökningar och diskussioner. Vi vill utvecklas som lärare, men framför allt vill vi att alla elever också utvecklas i en positiv anda.

En lärare måste återerövra uppdraget varje dag och det måste utvärderas ständigt.

Det gäller att ha tid.

Det går tyvärr inte att köpa tid, inte heller går det att spara tid. Tiden bara går. Det gäller att göra det bästa möjliga av den tid som finns. Vi lärare måste vara tidsoptimister ibland. Det går inte att kompromissa när det gäller lektioner.

Uppdraget att undervisa börjar alltid med en första lektion. Det brukar bli en terminsplanering och första sidan i boken. Det är inte roligt. Det är inte engagerande.

Jag brukar börja från början med talsystemet. Jag frågar dem vad tänker du på när jag säger Matematik. Associera. Ge mig ord.

Eleverna börjar komma med ord som lätt, svårt, addition subtraktion, siffror, procent, nummer osv

Då börjar jag fråga vilka och hur många siffror finns och sedan blir det både platsvärde och egenvärde och jag guidar dem sedan in på olika talsystem.

De sitter i grupper och funderar. Siffror, bokstäver och tecken. Hur ska vi organisera dessa? Det är något som alla kan vara med om oavsett kunskaper i matematik.

Vi pratar addition, subtraktion, multiplikation och division och allt faller på plats med några väl valda uppgifter.

Eleverna lär sig organisera siffror och nummer och jag lär mig en hel del namn i klassen under tiden.

Sammanfattningsvis blir det en genomgång av talsystemet så långt det går med hänsyn till vilken årskurs det var.

Eleverna får något att tänka på och så börjar en matematiklektion som något positivt och entusiasmerande i stället för något eleverna kanske inte förstår eller inte vill förstå.

Finns det tid över kan de också fråga mig vem jag är.

Var jag bott.

Vad jag arbetet med och så vidare. Det brukar också intressera.

En väl genomtänkt lektion med engagerade elever.

Uppdraget att ha en lektion är
Att identifiera behov.
Att skapa delaktighet eller
Meningsfullhet.
Se vad som behöver göras.
Ta fram några idéer, utveckla dessa
Konkretisera några idéer som passar.
Pröva en eller flera.
Samla in feedback.
Sprid idén till många.
Gör en modell.
Inspirera andra.
Uppnå förändring.
En lektion.
Hitta ett sätt att beskriva och berätta om den
förändring som skett.
Vad menar jag då med förändring?
Jag kan skriva ner hur eleverna var, om de var
intresserade eller inte.
Om de frågade eller var passiva.
Om de pratade om lektionen när de gick ut.
Om jag tror att de lärde sig något.
Detta sista är det viktigaste.
Jag måste få reda på vad eleverna fick med sig av
lektionen.

Jag visste vad jag hade pratat om, men hur mycket kom eleverna ihåg?

Det kan det vara bra att be eleverna skriva små anteckningar på Post-it-lappar och samla in dessa vid utgången. Vi kan kalla dessa för exit-lappar. Då har jag redan nedskrivet det eleverna tyckte och tänkte. Lätt och enkelt.

Det går sedan bra att skriva av eller bara läsa snabbt och tänka efter och skriva ner i ett dokument. Då vet jag hur lektionen landade hos eleverna, och jag vet hur jag ska fortsätta nästa gång då jag tar upp frågor och annat som kom fram på lapparna från eleverna.

Använd tiden efter lektionen till reflexion och eftertanke.

Därifrån går vi vidare till nästa klass och en annan lektion, där vi kan göra likadant.

Intressant är också att diskutera om noll. Är noll positivt eller negativt? Varför är det bra att ha, när det inte är någonting? Hur stor är oändligheten? Och varför har vi en negativ oändlighet också? Hur stor är en punkt?

Det finns många intressanta frågor. Det gäller att vara trygg och att våga vara annorlunda och framför allt motivera eleverna.

Det gäller att kunna hantera vardagen. Ha balans.

Nu gäller det att kunna hantera detta med undervisning och vägen till en hållbar digital teknik. Så att det blir bra för alla.

I den verklighet vi lever nu. Vad som händer i framtiden? Det vet vi inget om.

3

Det kommer aldrig att bli som du tror

Läraren arbetar i skolan och det finns problem i skolan.

2012 var det enligt Tidningen Skolvärlden 12 frågor som avgjorde den svenska skolans framtid enligt tidningen.

Skolans tolv ödesfrågor, Skolvärlden no 10, 2012

1. *Orättvisa skillnader, segregation*

2. *Skolans ledarskap,*

3. *Lärarbristen,*

4. *Löneutvecklingen, förhandlingar*

5. *Arbetsmiljön, arbetsbelastning, tid*

6. *Legitimationen, status*

7. *Lärarutbildningen*

8. *Betygen, nationella prov*

9. *Politiseringen av skolan*

10. *Huvudmannaskapet,*

11. *Lokalerna*

12. *Privat läxhjälp*

Skillnader mellan skolor ökar. Lika villkor finns inte.

Lärarlönerna har i förhållande till många andra yrken halkat efter. Lönen är många gånger avgörande för yrkesvalet.

Arbetsbelastningen i och kontrollen över den svenska skolan och lärarens administrativa börda är ett stort problem.

Läraryrket har tappat status samtidigt som elevers och föräldrarnas värderingar har förändrats.

Lärarens roll i svensk skola måste stärkas.

Skolan ska inte vara ett politiskt slagträ, inga fler reformer, tydligt ansvar, bra organisation behövs enligt forskarna.

Sverige har haft 30 år av kommunalt styre och skolan har inte blivit bättre.

Kommunerna har inte klarat av att finansiera skolan överallt i Sverige.

Många skolbyggnader hotas av rivning för att de bryter mot nya plan- och bygglagen. Görs inget är det snart brist på skollokaler.

Behöver eleverna läxor? Ja en läxa vara en repetition av lektionen. Repetition är ett mycket bra inlärningsinstrument. Om eleverna varit med på lektionen ska de inte behöva hjälp med läxor.

33

Så läxhjälp ska inte behövas. Varför har det blivit så stor diskussion om läxor?

Läraren bör ge strukturerade välgenomtänkta läxor, men många gånger blir det, " Gör resten av sidan, resten av kapitlet" eller något annat som inte är behandlat på lektionen.

Boken är inte kursen. Läraren ska använda boken som en röd tråd, inte som "311 sidor " som måste göras. Läraren måste lära sig att välja ut exempel som passar bra.

Matematikboken är mycket bra, men bara för den som redan kan sin matematik.

På Skolverkets hemsida publicerades i januari 2018 följande:

Lärarbristen, skolsegregationen och den lokala styrningen av skolan är tre områden som måste prioriteras för att eleverna ska få bättre utbildning.

Och ungefär samtidigt

Tio punkter för en bättre skola på (DN debatt)

Kartläggningen bygger på intervjuer med de som har ansvaret för skolan, skolhuvudmännen, det vill säga kommuner och ansvariga för fristående skolor. Totalt har Skolverket intervjuat skolchefer och rektorer hos 49 skolhuvudmän. Resultaten kan sammanfattas i tio punkter.

1. *Arbetsmiljön*
2. *Lönesatsningar*
3. *Åtgärda lärarbristen*
4. *Bygg bort skolsegregationen*
5. *Samarbete mellan kommuner och fristående skolor*
6. *Arbete med trygghet och studiero*
7. *Kompensatorisk resursfördelning*
8. *Fokusera på skolans resultat*
9. *Strategiska mål*
10. *Ett klargörande av roller och ansvar i på olika nivåer*

Det bygger på att var och en på sin nivå, utifrån en gemensam målsättning och strategi, bidrar till att stödja en utveckling som förbättrar förutsättningarna för eleverna att nå målen.

Mellan 2012 och 2018 är det 6 år och det verkar som om ungefär samma problem fanns kvar i skolan.

Kanske var det för många som ville lösa problemen? Eller också var det för många problem att lösa, och man försökte lösa alla problem på en gång.

Det som står är viktigt. Det betyder att eleverna måste få förbättrade förutsättningar för att nå målen. Skolan är till för eleven.

För att klara målen måste eleven kunna reflektera, värdera, analysera, kritiskt granska och sätta saker i större sammanhang. Det är inte lätt. Vem ska lära dem allt detta om inte lärarna.

Vilka aktörer finns det i skolan?
Vilka aktörer kan bäst hjälpa eleverna?
Det är eleverna själva, lärarna och rektorerna.
Målet är att eleverna ska få den undervisning de är berättigade till.

Skolan = rektor + lärare + elever

Rektorn ska se till att det finns behöriga och kompetenta lärare i varje klassrum. Läraren ska se varje elev och anpassa undervisningen så att alla elever känner sig sedda och ska kunna nå målen och lära sig att tänka och få ämneskunskaper.

Om vi börjar med rektorerna så är det deras skyldighet och ansvar att se till att det finns en lämplig lärare med rätt utbildning och kompetens på plats i varje klassrum.

Vad är uppdraget för en rektor?
En rektor ska både vara arbetsledare,
personalansvarig, leda det pedagogiska arbetet,
sköta ekonomin, fastigheter och ha kontakt med
elever, föräldrar och det omgivande samhället.

Gott ledarskap, god kommunikation ger en bra
arbetsplats. En bra skola.

Med feedback kan människorna se att deras
handlingar ger resultat och skapar en positiv
känsla kring frågan genom att tala om faktorer
som hälsa, trygghet och möjligheter.

Rektorn måste känna förtroende för sina lärare.
Det är ett förtroendeuppdrag att undervisa elever i
skolan, men det är lärarbrist.

Kan lärarbristen klaras med de obehöriga lärarna?
Då får man en vuxen person i varje klassrum.
De obehöriga lärarna har inte så hög lön som de
behöriga. Detta är bra för ekonomin. Men hur bra
är det för eleven att ha en icke behörig lärare?
Skolverket rekommenderar skolor att anställa
obehöriga lärare.
Men hur ska detta fungera med en obehörig lärare
när det är så komplext att vara just lärare?

En behörig lärare är en bra lärare, och en obehörig lärare kanske kan bli en bra och lämplig lärare, som kan bli behörig. Åtgärderna mot lärarbristen måste fungera

Ska obehöriga kunna plugga till lärare på arbetstid och med lön? Kanske halva tiden utbildning, halva tiden arbete?

Låt obehöriga med akademisk examen studera till lärare på arbetstid. Det kan vara ett sätt att få fram fler lärare. Det är mycket bra att de obehöriga lärarna får hjälp och en möjlighet att bli behöriga.

Men det finns också en annan sida av myntet. Det kan finnas obehöriga lärare som är mycket duktiga retoriskt sett men som absolut inte har ämneskunskaper eller koll på undervisningen.

Det kan finnas de lärare som inte går igenom kursen, som måste ha medbedömare, som glömmer bort att göra prov, eller som aldrig rättar sina prov, som är Tröskelpedagoger = där alla får bra betyg och där alla kan använda öppna böcker på prov.

Dessa lärare förstör skolan totalt. De manipulerar rektor, och ingen vågar anmäla läraren.

Vilka kan vittna? Ingen vill, ingen vågar, ingen har något att säga.

En tystnadskultur.

Alla är rädda och visselblåsaren är inte önskvärd. Då kan det bli kaos om inte rektorn kan ta tag i situationen. Det gäller att vara opartisk. Att ha kunskap om att göra rätt.

Problem finns, men det måste finnas tillit till ledningen och en vilja att samarbeta. Ta ansvar och att bygga relationer. Anpassa tjänster till behov och förmåga så att alla är nöjda.

Man bör inte anställa de obehöriga lärarna före de behöriga om dessa söker samma jobb, utan det bör naturligtvis vara den som är lämpligast för jobbet, som får det.

Rektor måste därför ha kontroll över sina lärare och kommunikation med sina elever.

Vi har en ekvation med tre variabler, det bästa är att vi varierar en av dessa. Då kan vi få en förändring. Då kan man se effekterna bättre.

Vi förutsätter att alla lärare har den kompetens som behövs för att undervisa. Det har rektorn sett till. Eleverna måste komma till skolan.

Skolan = Rektor + lärare + elever

Det enda som kan förändras då är lärarens sätt att undervisa så att eleverna motiveras att lära sig mer och når målen lättare. Detta betyder att lärarna måste bli bättre på att undervisa.

Lärarna måste bli bättre på det de redan är bra på. Då förändras skolan.

I undervisningsuppdraget betyder detta att läraren måste bli bättre på planering, undervisning och efterarbete (Pl+ Uv+ Ef)

Det är alltså bara inte att ta med sig pennan, boken och datorn och gå in i klassrummet och undervisa. Det är tankeverksamhet och planering innan lektionen och reflexion efter lektionen.

Det är som att planera ett möte, med den enda skillnaden att mötesdeltagarna, eleverna, inte alltid är motiverade att komma att sitta stilla att göra det som läraren vill.

Det gäller också att motivera eleverna till ett lärande.

Man måste alltid ha planer och projekt för att gå framåt.

Ständiga förbättringar, betydande förbättringar. Ordning och reda oberoende av person.

Förbättra, åtgärda, planera, följa upp, genomföra.

Man kan inspireras av andra organisationer. Hur går vi från de detaljerade frågorna till de större perspektiven. See the big picture.

Några påståenden

- Det normala borde vara att alla skolor fungerar. Att det finns lärare i alla klassrum och att alla barn vill lära sig något nytt.
- Vi måste rusta för en framtid. Den framtid som finns för våra ungdomar. En framtid vi inte vet något om.
- Alla lärare är olika
- En lärare måste återerövra uppdraget varje dag. Det måste utvärderas ständigt.

Att vara lärare är en komplex uppgift det har vi fastställt. Tänk bra på detta " motivera eleven till ett livslångt lärande så att hon/han kan delta i ett demokratiskt samhälle på bästa sätt".

Vi lärare vill lyckas, inte misslyckas.

Så vi måste lösa problemet. Hur har lärarna tid att bli bättre? Det enklaste skulle kanske tänkas vara att ha mer tid eller mer pengar.

Längre skoldagar är en dålig idé. Skoldagen är lång som den är och skulle vi få mer tid skulle det behövas mer pengar.

Pengar löser få problem. Förstelärare till exempel. Orättvist. Många är inte kvalificerade och har ingen erfarenhet att ta ansvar. Förstelärarreformen har bara medfört avundsjuka mellan lärare. Det är inte alltid de mest kompetenta lärare som blivit förstelärare. Kan vi förbättra undervisningen utan att lägga på mer tid då har vi löst problemet. Vi kan inte köpa tid, men vi kan använda tiden till något annat. Digitalisering. Inte helt bra. Kan en robot ersätta en människa? Om det vore lösningen är vi på god väg. Digitalisering är ett mycket bra komplement till en lärare, inte mer. Digitaliseringen har lett till ökat administrativt arbete för läraren.

På lektionen i klassrummet är ju läraren i allmänhet ensam med sina elever, så egentligen är det eleverna som har mest koll på hur lärarna är och i vilken mån de uppfyller sitt uppdrag.

Rektorer förväntas effektivisera undervisningen dvs göra skolan mer kostnadseffektiv, men så att kvaliteten inte påverkas av eventuella nedskärningar.

När detta inte går, och skolorna ändå måste upplevas klara kraven, skapas en osund tystnadskultur. Ingen vågar nämna om något inte fungerar.

Det behövs en slags utveckling av det som redan finns. Utveckling, men utan ökat administrativt arbete för läraren och en utveckling som rättar till missförhållanden.

Hur vet rektorn att läraren är lämplig efter en intervju? Om de arbetssökandena håller provlektioner för rektorerna i stället för de långrandiga intervjuerna får rektorn en aning om hur den arbetssökanden genomför en lektion eller en bit av en lektion.

På en intervju kan jag säga att jag är pedagogisk, positiv, kreativ, flexibel, nyfiken, ansvarsfull, initiativtagande, lyhörd, social, strukturerad och innehar stora ledarskapsförmågor.

Jag har precis de egenskaper som rektorer efterfrågar, men hur visar man att dessa egenskaper finns om man bara har ett samtal?

Hur jag är i ett klassrum, det kommer inte fram i en intervju. Om jag kan engagera elever eller inte, kommer inte fram i en intervju.

Var och en på sin nivå, utifrån en gemensam målsättning och strategi, bidrar till att stödja en utveckling som förbättrar förutsättningarna för eleverna att nå målen.

Ambitionsnivån hos lärarna måste vara positiv och växande, och ambitionsnivån hos rektorerna måste var likadan. Det måste finnas kompetenta och lämpliga lärare i klassrummen. Det är rektorns ansvar att hitta dessa lärare.

Skolan handlar om kunskapsresultat, men också om att fostra eleverna för ett framtida samhälle.

Det finns problem i skolan som ingen talar om.

Det råder en tystnadskultur i skolan. Att kritisera och lyfta problem är att ta ansvar för verksamheten, men de flesta gånger råkar budbäraren illa ut. Förövaren har många gånger sett till att vara god vän med rektor eller andra med inflytande. Då vågar ingen gå och klaga hos rektor.

Kommunikation.   Hur kommer man överens? Vem får det bästa klasserna? De högsta lönerna? Vem blir förstelärare? Inte alltid den som är mest kompetent som sådan.

Har man samma värderingar? Vad är viktigt?

Hur ser man på hela situationen?
Varför uppmärksammas inte missförhållanden?
Varför vågar man inte tala om problem?
Hög stress upplevs.
Tid kan inte köpas, inte sparas.
Tiden bara går.
Hur används den på bästa sätt?
Varför ber inte lärarna om hjälp?

Vem lider om det inte fungerar bra? Eleverna.

Det är för eleverna som vi har skolor, och de måste
få en utbildning så att de kan ta hand om landet
när de blir äldre.

Det är lärarna som undervisar, men rektorerna
som väljer lärarna och eleverna som får
undervisningen.

Hur ska rektorerna veta att det verkligen är
lämpliga och kompetenta lärare ute i klasserna?
Genom lektionsbesök.
En timmes lektionsbesök, aviserat i förväg.
En oerhörd stress för läraren, som naturligtvis vill
visa världens bästa lektion för rektorn.
En timmes samtal om denna lektion efteråt.
En ordentlig genomgång.

Så får man kommentarer. "Så bra att du stängde av projektorn. Visste du att Peter hade sin mobiltelefon på hela tiden."'" Annars var det bra."'"
I början sade du…. Vad menade du då…. Hur tänker du gå vidare nästa lektion?"
På vilka arbetsplatser finns detta? Att man får besök av chefen att man blir bedömd på en timmes jobb. Bara i skolan.

Ska inte lärarna var kompetenta och kunniga.

Min rektor i Guatemala visste att mina lektioner var bra, att eleverna uppförde sig och att det inte var några större problem i klassen. Hur kunde hon veta det? Jo i Guatemala har man så kallade persiennfönster. Dessa fönster är i allmänhet halvöppna så att hon promenerade utanför byggnaden och lyssnade samtidigt till min lektion. Utmärkt. Det var den vanliga vardagen hon fick, den som eleverna fick varje dag.

En annan rektor, brukade bara komma in i klassrummet och fråga något, så där händelsevis. Han fick då en känsla av den vardagliga atmosfären.

Det är det vanliga som är viktigt. Det vardagliga.

Inte dessa mönsterlektioner.

Rektorn måste ha förtroende för sina lärare och omvänt, läraren måste ha förtroende för sin rektor.

Läraren måste kunna gå och säga att jag klarar inte av den här klassen. Vad kan vi göra?

Det gör inte lärarna i allmänhet. De tiger och kämpar vidare. Kommunikation är viktig. Be om hjälp om det blir fel. Du blir bara bättre.

Jag var 67. Jag hade fått min blomsterkvast som tack för 10 års tjänstgöring på innerstadsgymnasiet och skulle börja vara ledig.

Det kändes tomt utan elever

Jag fick ett jobb som speciallärare på ett hund-och hästgymnasium två eftermiddagar i veckan.

De höll på att installera sig i sina lokaler och det lilla rummet jag fått till förfogande var alltid fyllt med bråte när jag kom på eftermiddagarna.

Jag städade varje onsdag innan lektionen, men så tröttnade jag. Jag kunde ju inte göra mitt jobb. Jag och eleverna hade ingenstans att sitta.

Jag klagade och då sa rektorn.

Du har ingen uppgift mer.

Vi behöver dig inte.

Jag var avskedad.

Rektorn hade hittat en lärare som var billigare och som var där mellan 8.00 och 17.00 alla dagar. Effektivisering? Billigare? Bättre?

Det vet man inte.

Vad fungerar bättre? Det dyra eller det billiga? Effekten av en lärare kan vara bra eller dålig. Med olika resultatnivåer eller kompetens. Varför inte betygsätta lärareffekten?

Otillräcklig? Elementär? Skicklig? Utmärkt?

När jag kom ut från lärarutbildningen bodde jag i Stockholm och var listad på Arbetsförmedlingens lista över lediga lärare och varje dag nästan fick jag ett telefonsamtal från någon skola som behövde en vikarie.

Jag hade sagt att jag kunde undervisa i allt från kristendom till fysik. Och jobb fick jag. Både norr och söder om Stockholm. Jag tog med mig dagens tidning och hittade alltid en intressant notis. Den läste jag upp för klassen. Den diskuterade vi och den behandlade vi, vare sig det var fysik eller något annat ämne. Skolorna var nöjda för att jag höll eleverna inne i klassrummet och jag fortsatte att ha jobb.

Jag hade ett uppdrag och det var begränsat till att många gånger bara hålla eleverna inne i klassrummet.

En vuxen person var i klassrummet. Alla var nöjda. Det var min insats då.

Nu skulle jag göra på annat sätt. Jag har lärt mig.

Jag ville ha jobb i Schweiz. Jag ville ha en utmaning. Jag ville bevisa att jag kunde få ett jobb i Schweiz, där alla sa att det var så svårt att få jobb.

Varje dag på väg hem från skolan köpte jag Neue Zürcher Zeitung i hopp om att hitta en annons där de sökte en Matematiklärare.

En dag stod det just detta. En matematiklärare till Minerva Institut i Zürich.

Jag översatte mina betyg, skrev ett ansökningsbrev på min bästa skoltyska och skickade i väg det.

Efter en månad kom svaret.

De var intresserade och bjöd mig på en resa med första klass ner till Zürich.

Väl där nere blev jag intervjuad av skolans båda rektorer och denna intervju avslutades med att de bad mig hålla en lektion.

Det är klart att rektorerna ville se om jag kunde hålla en lektion på tyska och dessutom se att jag hade kunskaper i matematik.

Jag, helt oförberedd, visade rektorerna hur man löser en andragradsekvation och jag gjorde det på tyska.

Jag fick jobbet.

4

Skolan är en verklighet som skall upplevas

Jag bodde 25 år i Mellanamerika och jobbade där som lärare i alla år. Skolsystemet i Guatemala fungerar med många privatskolor, där föräldrar betalar, och de statligt stödda skolorna som är gratis. Dessa senare har i många fall tre omgångar elever per dag, en morgongrupp, en middagsgrupp och en kvällsgrupp. Klassrummen är där sparsamt möblerade och undervisningen anpassas efter vilka möjligheter som finns.

Alla som kan betala har sina barn i privatskolor. Mina barn gick i den österrikiska skolan och lärde sig tyska, engelska och spanska tillsammans med alla andra ämnen. De flesta lärare var från Österrike och skolan betraktades som utmärkt.

Det fanns inträdesprov för barnen när de var 4 år och inte alla barnen kom upp i gymnasiet för att sedermera ta studenten. Barnen måste ha ett visst betygsmedelvärde.

Undervisningen var i gammaldags stil, den som jag hade i skolan, dvs lärarledd undervisning och prov.

Det var en privatskola, som understöttes av Österrike, och där många av lärarna var från Österrike och undervisade i sina ämnen på tyska.

Jag undervisade själv på en tvåspråkig, engelsk-spansk Guatemaltekägd privatskola. Jag undervisade på gymnasiet i matematik och geografi, ibland samhällskunskap och även maskinskrivning.

Det räknades också som en utmärkt skola. Många av de välbärgade barnen gick där. Det var dyrt att gå där.

Jag undervisade på engelska. På gymnasiet hade de engelsk undervisning 08.10 – 10.40 resten av dagen hade eleverna undervisning på spanska. Jag hade tre 50-minuterslektioner, lärarna flyttade på sig och eleverna satt kvar i sitt klassrum. Eleverna hade ingen rast mellan lektionerna.

När sönerna tog över skolan effektiviserades skolan och vi lärare fick då ha 4 lektioner på samma tid och lektionerna blev då 35 minuter långa. Vi fick samma lön.

Det räknades fortfarande som en bra skola.

Sedan blev det fler elever i varje klass och utrymmet mellan bänkarna minskades. Ytterligare en effektivisering. Det räknades fortfarande som en mycket bra skola. Det var en dyr skola.

Vad är då en bra skola.

Säkert kan man definiera vad en bra skola är. En "bra" skola säger forskarna är antingen en skola som tydligt prioriterar att följa lagar och regler, eller är en skola som prioriterar omsorg om eleverna. Varför nämner de inte lärarna? Utan lärare blir det ingen skola.

En bra skola kan också vara en skola med höga antagningspoäng och många duktiga kompetenta lärare. Allt är relativt. En attraktiv skola är en skola med höga intagningspoäng. Ett attraktivt läraryrke är också att jobba i en bra skola med bra elever. En bra rektor ser till att det finns bra och kompetenta lärare på skolan.

Är det mer attraktivt att jobba på en bra skola? Är det mer attraktivt att jobba med duktiga och bra elever. Det är alltid en utmaning att vara lärare, men jag som lärare kan ju forma mina elever.

Det måste också vara en utmaning att vara rektor. Att ha ansvar över en skola med lärare och elever måste också vara fascinerande.

Rektor kommer och besöker lärarens lektioner. Perfekta lektioner, väl förberedda.

Läraren har medarbetarsamtal med rektorn och där gäller det också att visa hur bra man är som lärare. Problemen kommer aldrig fram, om de gör så får man lägre löneförhöjning än de andra eller också inget jobb till hösten.

Ett Medarbetarsamtal är en reflexion. Hur har jag det egentligen på min arbetsplats? Det gäller att ta till sig och utveckla ny kunskap och ha en utvärdering av året som gått.

Vad är förutsättningarna för uppdraget och för att nå mina mål?

Hur är min arbetssituation.

Vad fungerar bra?

Vad fungerar dåligt?

Hur är min arbetsmiljö och relationer. Fysisk och psykisk arbetsmiljö och relationer till chef och medarbetare ska diskuteras.

Vad vågar man svara? Problem är ju till för att lösas, men är detta rätt forum? Vad jag har förstått använder lärarna samtalen till att tala om hur bra det går. Så jag gör väl samma sak.

Jag säger: "Det har varit intressant och lärorikt som alltid. Roligt att det gick så bra för eleverna trots att de hade ett stökigt år i fjol. IB-programmet skulle läggas ner.

Det gångna året hade varit struligt, intressant politiskt sett, oroligt för eleverna i synnerhet, men intressant för mig, och lärorikt.

Jag fortsatte på skolan som speciallärare på gymnasiet och mitt uppdrag var att lära ut så mycket som möjligt till så många elever som möjligt. Det var klart och tydligt. Detta tycker jag är ett uppdrag för varje lärare oavsett ämne.

Allt tar tid och det får ta den tid det tar. Att hjälpa enskilda elever är alltid intressant. Det gäller ju alltid att få dem motiverade och känna att det är någon mening med stödet.

Min arbetssituation var otroligt intressant. Det fungerade eftersom jag hade kunskap i mitt ämne och kunde förmedla detta till eleverna. Det mesta fungerade bra.

Att nå så många elever som möjligt var alltid mitt mål, att arbeta över ämnesgränserna med kollegor, och gå på matematikkonferenser när det var möjligt.

Att visa att matematik var möjligt att lära sig och att få eleverna att förstå hur det matematiska språket fungerade var målet. Det var en balansgång hela tiden.

Alltid ökad kvalitet i undervisningen." Jag fick nytt kontrakt till hösten".

Till våren kom en ny rektor

Mitt uppdrag var fortfarande att ta hand om Mattestugan och ge stöd till elever som behövde stöd i matematik. Mattestugan fanns tillgänglig för alla elever. Jag hade många kurser på en gång varje onsdag eftermiddag.

För stödundervisningen fick jag elever av Elevhälsan, Mattecentrum, Studievägledare, Rektorer eller Matematiklärare.

Jag kartlade elevernas behov och använde stödet på bästa sätt på det utrymmet jag fått.

Eleverna hade svårt att få något gjort på egen hand och hade ingen som helst motivation i ämnet matematik.

Eleverna lärde sig att stödet fungerade och de kom till mig på sina lektioner och matematiken blev hanterbar för dem litet i taget.

Det gick alltid att skapa utrymme för de elever som ville klara av sina utmaningar. Det kom fler och fler elever och vi satte in fler stolar kring bordet. Alla problem skulle lösas.

Mitt stöd skulle riktas både till de högre och lägre Matematikkurserna. Jag hjälpte många av eleverna under läsåret. De flesta var rädda för matematik och hade väl aldrig fått lära sig att hantera ämnet. En del hade diagnoser men inte alla, men alla fick hjälp. Detta var meningen med Mattecentrum. Den som ville och kände att den behövde hjälp kunde gå dit och boka en tid.

Jag hade fyra kontrakt. Jag hade inte fått ersättning för de första två. Jag krävde det. Jag krävde också en studievänlig miljö som kunde vara hela perioden. Jag och mina elever hade blivit hunsade fram och tillbaka i olika klassrum nästan hela tiden.

Det blev många möten fram och tillbaka och slutsatsen var den att ingen visste hur man räknade ut lön på det arbete jag utförde.

Jag tog kontakt med LR:s representant. Det första hon sa var: du vet väl att om du "bråkar" får du ingen tjänst till hösten.

De två fysiklärare, som hade ungefär samma problem, hade sökt nya tjänster på andra skolor.

Jag och LR:s representant hade så småningom möte med Skolchefen. Han sa att det var intressant för honom att lära sig hur man räknade ut lön på skolan. Jag sade att det var ju bra, men att jag var intresserad att få betalt för de timmar och den undervisning jag utfört. Jag fick min lön, ungefär en månadslön och inget erbjudande om tjänst på hösten. Precis som LR:s representant hade sagt.

Slutkommentaren blir:

Gör ditt jobb, tala om hur bra du är, gör inte mer än du blir ombedd att göra och jobba inte gratis och framför allt, klaga inte, för då får du ingen tjänst.

Nu är Mattecentrum på skolan, dit alla elever med matematikproblem kom, med eller utan diagnos, ett minne blott. Eleverna fick den hjälp de behövde när jag var där, men det blev för dyrt med kvalificerad hjälp i matematik för de elever som behövde det. Så Mattecentrum lades ner. Språkcentrum finns kvar.

Undervisning måste få kosta. Det är en investering. Det gäller allas framtid.

Läraren måste fokusera på vad forskning och beprövad erfarenhet visat sig fungera och vad framgångsfaktorer är på olika nivåer.

Hur framtiden ser ut och vilken värld våra elever kommer att möta är en stor fråga.

Det som behövs är utbildade, kompetenta och lämpliga lärare, och skolledare.

Segregationen ska bort. Inte ett Mattecentrum som fungerar, där alla elever får hjälp med matematiken.

Allt och alla bör bidra till ett rättvisare samhälle. Det finns inte några enkla eller snabba lösningar på att minska segregationen.

Det har ett värde i sig att elever från olika bakgrund träffas och lär känna varandra i skolan. Det är också viktigt att elever inte byter skola ofta, och om de gör det, att de känner sig väl hemma med några kamrater från föregående årskurser i den nya skolan.

Det är viktigt att eleverna får känna att de kan lyckas.

Många har försökt få en integration att fungera i skolan, men de resultat som varit bra har skyndsamt tagits bort av politiker eller förstörts av rektorer och lärare som tex. inte förstått vikten av att ha ett IB-program tillsammans med Internationella program på engelska.

Vi har två olika skolsystem, det kommunala och så friskolorna. Dessa ska inte tävla med varandra de ska lära av varandra och komplettera varandra, men ingen skola ska tjäna pengar på undervisning, men alla skolor som fungerar bra ska få vara skolor.

Det som är viktigt är att lärare bör hanteras på samma sätt i varje skola. Läraren är spindeln i nätet för att skolan ska fungera bra. Det finns för många problem och för många som vill lösa problemen.

En bra skola är en skola med lämpliga och kompetenta lärare och nöjda elever som når sina mål.

Utbildningsdepartementet arbetar med frågor som exempelvis handlar om skolresultat, lärarnas villkor och studiefinansiering. Där vill jag lyfta fram lärarnas villkor.

På lärarhögskolan utbildas man till lärare, undervisare och pedagog med ämneskunskap. Man utbildas inte till sekreterare, möteshandledare, dataexpert eller till annat som har med dokumentation att göra.

Jag menar inte att man ska lägga till detta i utbildningen. Jag menar att det inte ska ingå i lärarens uppgift att dokumentera.

Att vara kunnig, lämplig, kompetent, pedagogisk, positiv, kreativ, flexibel, nyfiken, ansvarsfull, initiativtagande, lyhörd, social, strukturerad och att inneha stora ledarskapsförmågor betyder att man är en bra lärare.

Var lär man sig det?

Det roliga, det där med undervisning får många gånger stå i skymundan för allt som ska skrivas ner. Läraren är utbildad för att undervisa.

5

Det finns inga hemliga recept för framgång

Vad händer om du ställer dig framför an klass och ska undervisa? Du har förberett dig. Du har allt nedskrivet. Sidorna i boken är väl valda. Du har en plan. Är det så att alla sätter sig ner och väntar tills du är färdig, tills datorn är installerad och det finns något på den vita tavlan. Inte alls säkert. En del elever strular runt, andra kommer sent, en tredje har glömt boken, en fjärde ska fråga något osv. Hur kommer det att gå? Det vet jag inte. Efteråt vet jag och efterarbetet är något som ofta är mycket eftersatt. Vi kallar det ställtid.

Efter lektionen kommer reflexionerna.

Dessa är mycket viktiga.

Gick det som jag ville? Som jag hade tänkt.

Gick det bättre?

Sämre?

Och så naturligtvis varför?

Hur skulle jag ha gjort annorlunda?

Det gällde att analysera.

Det var fler elever i klassen och inte långt mellan
bänkarna efter effektiviseringen av skolan i
Guatemala.

Det var lätt att kopiera när det var prov.

Jag misstänkte fusk på matematiken och gjorde då
4 olika varianter av matematikproven.

Jag hade en dator hemma.

Det var på 1980-talet.

Det var 34 elever i klassen och 17 skrev godkänt på
provet och 17 klarade sig inte.

De flesta som inte klarade sig hade kopierat.

Mitt-terminsbetyget för dessa elever blev då
naturligtvis "icke godkänt" och påföljden blev en
ström av telefonsamtal från mammorna till skolans
brittiska biträdande rektor.

Mammornas budskap:" Vi betalar en bra skola och
förväntar oss att vårt barn ska få bra undervisning
och godkända betyg.

Vad har ni för lärare egentligen?"

Det var alltså mitt fel att hälften av eleverna kopierat eller inte läst på. Det kändes inte bra. Jag började tänka efter.

Jag tyckte naturligtvis först att eleverna inte gjort sitt, och att mammorna hade fel, men sedan ändrade jag mig och började kontrollera elevernas kunskap med små prov eller på annat sätt innan det stora provet.

Eleverna fick också korta små läxförhör som vi rättade tillsammans.

Jag ville inte att det skulle hända igen.

Eleverna hade inte klarat av provet eftersom undervisningen hade varit för ensidig och då efteråt, i slutet av terminen, gav jag mammorna rätt.

Jag ändrade mitt sätt att undervisa och lade detta till förbättringspotentialen.

Jag blev mer kompetent. Det var ju min uppgift att kontrollera vad de skulle kunna innan provet. Jag började ge dem feedback.

Mammorna, i Guatemala, som klagade på mig och min undervisning, var vana att betala för tjänster.

De betalade en Nanny som skötte barnen exemplariskt, en kokerska som lagade god mat, en städerska som städade huset varje dag. Hon betalde dessutom en trädgårdsmästare, som skötte trädgården och en chaufför som körde bilen.

Mammorna betalade en bra skola, och det var då självklart för dem att jag som lärare skulle ta hand om och se till att deras barn lärde sig det de skulle.

De hade rätt att klaga på mig. De betalade ju skolan. Eleverna hade inte fått återkoppling. Jag började använda s.k. formativ undervisning.

Detta var 1987.

Inte visste jag då att det var en ny pedagogisk strömning.

1967 hade Michael Scriven, i Australien, introducerat termerna "summativ" och "formativ" för att skilja på olika bedömningsmetoder i olika undervisningssammanhang och Dylan William och P. Black började skriva om detta i slutet av 1990-talet och spred det över världen.

Vi måste forma eleverna hette det.

Alla lärare är olika, men om man är organiserad och tycker om att skriva ner kan man börja en lektionsbok med analyser. Kalla den Krisbok eller Analysbok eller vad du vill.

I analysen kan man identifiera orsaker till att det gick bra eller dåligt. Förstå varför det blev fel, ta fram åtgärder och lösningar till nästa gång.

Allt detta för att förbättra undervisningen, och ge eleverna bättre och trevligare lektioner nästa gång. Använd ställtiden till dessa reflexioner.

Går det mycket bättre nästa gång kan man standardisera processen och det nya sättet att arbeta, dela resultatet och erfarenhet med andra lärare på möten till exempel.

Denna standardisering gör att lärarens kompetens ökar. Det kallar jag förbättringspotential. Därför behövs ställtid. Jag menar tid att tänka efter lektionen. Tid för reflexion.

Jag har aldrig tyckt om att vikariera.
Man får inget grepp om klassen eller eleverna.
Man går bara in och ut i bästa fall.
I många fall försöker eleverna sabotera.

Jag kommer själv ihåg hur vi hanterade vår svenska vikarie på gymnasiet med blöta svampar som kastades på den svarta tavlan.
Vikariesyndromet. Eleverna måste se hur långt de kan gå när en vikarie står där framme.

En timme Ma3b. Jag hade lovat att vikariera. Jag hade arbetsblad och gick in i klassrummet. Sent kom en ung man med kostym in i klassen och med sig hade han en stor weekendbag. Han satte sig längst fram.

Lektionen hade börjat. Han öppnade sin weekendväska, tog upp en vattenkokare med vatten, en burk frystorkat kaffe, två muggar och började värma vattnet. Vattenkokaren var inpluggad i datorns eluttag.

Jag fortsatte lektionen och bara observerade.

Han ville naturligtvis ha uppmärksamhet. När vattnet var färdigkokt serverade han och frågade: Vill du ha en kopp kaffe? Mjölk eller inte?

"Nej tack" sa jag. "Du kan packa ner allt och börja räkna." Han var otroligt besviken.

Jag tänkte på masken i klassboken 50 år tidigare.

Var stark, positiv och glad. Är man stark nog går det att ta sig upp ur gropar som verkar för djupa. En krispärm är för tråkigt men kan vara bra att ha ibland.

Det värsta som finns är missnöje eftersom det kan leda till en kris. Man måste ta allt missnöje på allvar och hantera det på en gång.

Lärarens kompetens, vad menas med detta?

Det är en persons förmåga och kunnande.

Det är naturligtvis också lärarens förmåga att hantera situationer som uppstår i klassrummet också, inte bara undervisning utan också ta hand om problem som uppstår.

Hur mäter man detta?

Är lärarlegitimationen ett bevis på kompetens? Lärarlegitimationen visar att jag har mina ämneskunskaper och att jag har genomgått Lärarhögskolan, men inte att jag är kompetent även om det står "mycket lämplig" som lärare på betyget från Lärarhögskolan.

Lärarkompetens är en komplex egenskap.

Läraren för att kunna vara en bra lärare måste ha de verktyg de behöver för att bli bra ledare i skolan, men också vara en balanskonstnär, en skådespelare, en regissör, en psykolog, terapeut, en kunnig talare, en coach och en förläsare.

Det är inte bara Lärarlegitimation som räknas.

Lärarkompetens = (Lärarlegitimation + Ämneskunskaper + Pedagogisk skicklighet) + Retorisk kompetens + Empati + Förbättringspotential

I formelform

Lärarkompetens = (Ll + Äk + Pk) + Rk + E + Fp

Det gäller att får ihop ekvationen och framför allt titta på den sista termen, förbättringspotential.

Jag vill inte kalla det kompetensutveckling.
Det ligger mer i ordet potential. Där finns det möjligheter som kan utvecklas och utnyttjas i all oändlighet.
Att vara lärare är ett förtroendeuppdrag och de som märker hur läraren sköter detta är eleverna.

Det fordras tid och övning att bli en bra lärare, ett ämne som man älskar och empati för eleverna plus allt det andra.

Har vi detta och känner vi oss trygga då går det bra.

Jag lyckades hantera problemet med den håriga masken av en slump, men lärde mig så mycket mer.

Ha ögonen på allt, men ingrip bara om det är nödvändigt och var lugn. Ta det alvarliga efteråt om det är nödvändigt.

Den ordinarie läraren blev förskräckt när han hörde mig berätta om kaffekokarhistorien.

Du ska som lärare, som ledare, ordna allt och se till att alla lär sig något under lektionen och se till att det bara blir bättre och bättre.

En psykolog och en PT tar hand om en patient per gång, vi lärare får i bästa fall 30 elever, som vi ska stötta, se och undervisa var och en på sin nivå.

Vi ska se varje elev. Vi ska se till att de lär sig och kontrollera detta. Det fordrar kompetens och tålamod, ledarskap och engagemang och empati.

Lärarens insats är att vara en bra pedagog. Det pedagogiska arbetet är ju det viktigaste.

Det är detta arbete som gagnar eleverna och det är eleverna som är vår målgrupp. Vi ska se till att de blir motiverade att lära sig så mycket som möjligt.

Väldigt få elever blir motiverade när de hör att de ska lösa en andragradsekvation.

Lärarutbildningen måste förbättras.

Kraven på utbildningen ska skärpas, så att den nyutexaminerade läraren kan ta hand om undervisningen på ett acceptabelt sätt.

Mycket få elever på lärarutbildningen blir underkända, speciellt få blir underkända på sin handledda praktik.

Det måste bli krav på denna praktik, så att Lärarkandidaten lär sig hur undervisningen ska planeras, hanteras, och efterarbetas.

Den undervisande läraren måste dessutom få bättre riktlinjer för att hjälpa sina Lärarkandidater.

Vad kommer att förändras?

När kommer detta att bli verkligt?

Kommer detta att göra läraren bättre?

Kommer läraren att bli mer lämplig?

Kommer en lämplighetstest för lärare att bli obligatorisk?

En provlektion är bättre än en intervju.

Jag tror på detta.

För lärarna är kärnuppgiften undervisning. Lärarna måste alltså bli bättre på det de redan är bra på.

De måste bli bättre på att undervisa, motivera och engagera eleverna.

Fungerar det, fungerar resten av skolan och skolsystemet.

För att lärarna ska bli bättre måste också lärarutbildningen bli bättre och fokusera på både ämneskompetens och praktik i klassrummet.

Man lär sig inte på en dag att bli en bra lärare i skolan.

Det finns inga hemliga recept för framgång.

Det är resultatet av förberedelse, hårt arbete, och att lära sig från sina misstag.

Att till detta måsta behöva dokumentera varje steg är överkurs.

Är det inte tillräckligt att eleverna är nöjda att de lär sig tillräckligt och att de når målen.

Läraren ska se varje elev och skriva om varje elev.

Hur var det förr?
Vad är det för skillnader?
Är det så att kommunaliseringen och samhällsutvecklingen har skapat en kvalitetsmässig större skillnad mellan landets skolor?

Är det stress, och att skolan kostar pengar?

Är det lärarens status, och att det är en flummig kunskapsskola?

Jag frågade en kollega, vad har hänt med den svenska skolan?
Jag flyttade från Sverige 1972 och kom tillbaka å 2000.
Mycket hade hänt under tiden.

Hon sade.

"Vi har haft en skola som ansågs vara en av de bästa kunskapsskolorna i världen, i dag har vi en skola som är flummigare än någonsin och som sjunker i internationella mätningar. Samhället har förändrats och eleverna och skolan mår inte bra.

Förut var skolan samhällets ansvar, i dag är det en marknadsplats och en affärsverksamhet."

Det är väl ungefär samma saker Skolvärlden tog upp 2012 och även det som kom upp på Skolverkets hemsida 2018.

Vi investerar i elevernas utbildning, för det är vår framtid. De ska leda landet så småningom. De måste utbildas väl.

Vi måste ta utbildningen som en investering inte som en kostnad.

Valfrihet, mätbarhet och specialisering är tre ledord i tiden för skola och högre utbildning.

Det finns en idé i om att det för varje jobb ska finnas en utbildning som motsvarar den.

Idén med generella färdigheter = bildning, måste också finnas. Den glöms bort.

Vad blir det av lärarrollen då?

Läraren blir en del av ett enda stort mål- och resultatstyrningssystem där det väsentligaste i yrkesutövningen är testande och betygsättande. Lärarrollen fylls med så mycket administrativt innehåll att läraren reduceras till en slags byråkrat. (Skolvärden 2014)

Dit vill vi inte.

Läraren är ingen byråkrat.

Läraren måste få vara yrkesutövare och utveckla tankeförmågan optimalt hos eleverna.

Vi vet inte hur framtiden blir.

Då kan det vara bra att ha kunskaper.

Specifika kunskaper.

Läraren ska inte bara vara en förmedlare av ämneskunskaper utan ska ägna sig åt det viktigaste, att bilda hela människan och att se till att eleverna utvecklas som människor och till att bli aktiva världsmedborgare.

Jag har arbetat som lärare i över 50 år och har misslyckats och lyckats med lektioner, men jag har alltid undrat varför det gick dåligt eller varför det gick bra. Jag har alltså misslyckats mindre ibland, och jag har alltid velat bli bättre.

Jag har arbetat i skolan för att hjälpa eleverna till ett livslångt lärande. De vill bli sedda och hörda och vill bli bekräftade. De vill känna ett hopp.

Bildning är det man har kvar när man har glömt allt man lärde sig i skolan, sägs det, och det är viktigt att diskutera bildning. Bildning har med människans allsidiga utveckling att göra.

Nutida terminologi säger att bildning är motsatsen till utbildning.

Utbildning är den, ofta målinriktade, process där någon genom undervisning och träning utvecklas och skaffar sig kunskaper och färdigheter. Uttbildningens mål är en bestämd och begränsad yrkeskompetens.

Bildning syftar till att omvandla hela människan, dess inre förmåga, insikter, moraliska och etiska uppfattning, dvs personlighetsutveckling.

Det vi lär oss formar oss som människor. Bildning är inte bara att ha en viss kunskap utan främst betyder det att formas som människa.

Betoningen ligger i att människan är aktiv och skapande och själv tar ansvar för sin bildning.

Bildning hjälper oss att bättre förstå komplicerade processer, att skapa sammanhang och konkretion. Bildning behöver alla, oavsett om vi är politiker, ingenjörer, lärare eller jobbar i vården.

Bristande bildning riskerar att urgröpa samhället.

Staten, borde intressera sig i hur studierna formar människan dvs bildning inte bara utbildning.

Det står att vi ska forma eleven till ett livslångt lärande, men inte riktigt hur detta ska gå till. Studierna, utbildningen, bör förvandlas till bildning.
.
Våra barn är värda en bättre skola. Resultatet av den svenska skolpolitiken har inte blivit bra. Det har blivit sämre för eleverna i skolan i allmänhet.

Målet är att eleverna ska må bättre, få lära sig mera och detta oberoende var de bor i landet. Undervisningen måste bli bättre. Lärarna måste bli bättre på det de redan är bra på.

Hur kan man då lära ut mer på samma tid?
Vi kan inte köpa tid, men vi kan använda tiden till något annat.

Vi kan också be om hjälp.

Där kommer tystnadskulturen in. Lärare vågar inte tala om att det finns problem.

Att de inte hinner med.

De jobbar i stället dag och natt, lördag och söndag och sliter ut sig i stället för att be om hjälp.

Hjälp med det som har med administration att göra, för det roliga, detta med undervisning vill och ska vi inte ge till någon annan.

I en klass finns omkring 30 elever.

För att lära känna varje elev måste man individualisera, jobba med gruppdynamik och verkligen hoppas och tro att varje elev vill lära sig, eller åtminstone kommer att vilja lära sig.

Eleven själv måste få se att det finns möjligheter och inte bara svårigheter.

Då kan eleven känna studievilja.

Jag fick en gång en klass i vilken jag skulle undervisa Ma2b. Det var ett hop-plock av elever. En del hade inte klarat Ma1b en del hade försökt klara Ma2b flera gånger men inte klarat sig och en del var helt utan historik vad beträffar Ma2b.

Ingen annan lärare ville ha klassen. Den skulle börja precis efter höstlovet. Det blev alltså ett reducerat "läsår" med många olika slags elever.

Jag tog klassen. Det var en utmaning.

Det var de fyra som klarade nästan allt själva.

Till dessa elever sa jag att ni får klara er själva, jag väljer uppgifter till er och ni jobbar på dem. Får ni problem så frågar ni, och frågar man så får man svar. Alla fyra klarade sig utmärkt.

Så var det dessa elever som nästan aldrig kom till lektionerna, antingen försov de sig eller också vara det andra ursäkter. Dessa elever var vana att göra som de ville. Stanna hemma om de ville eller gå till skolan om de hade lust.

Dessa elever behövdes programmeras om.

Och så den sista gruppen med elever som inte tyckte om matematik, och aldrig klarat av det, men som ville ha ett betyg.

Lyssna på dina elever, om du vill att de ska lyssna på dig. Många elever kom inte på lektionerna, de hade alltid ursäkter.

De skolkade.

Varför?

De fyra främsta anledningarna till skolk är brist på meningsfullhet, mobbning, avsaknad av stöd för att vara med i undervisningen och utstötning enligt forskarna. Matematiksvårigheter och en dålig relation till läraren är också vanligt. Matematiksvårigheter kan överkommas, med rätt hjälp och tålamod.

Efter första provet skrev jag ett brev till hela klassen.

Till alla elever in min Ma2b grupp.
Vi har löst uppgifter och övningsprov och ni har fått lösningar hemskickade i pdf format.
Jag var mycket glad när så många kom till provet förra måndagen.
Jag var mindre glad i fredags när jag skulle lämna tillbaka det rättade provet, inte på grund av resultaten, utan på grund av att det fattades en tredjedel av eleverna. Det gick inte så bra.
*Jag visste detta innan provet. Det går **inte** så bra ibland, men vi kan förändra en del. Vi pratade om detta i fredags och **kom nu överens** om att om ni vill förändra något måste du*

- *komma till lektionerna*
- *ta med rutat block, penna och miniräknare till lektionerna*
- *försöka lösa några av problemen*
- *fråga om något är oklart*
- *lägga undan mobilen*

Algebran kommer vi att återkomma till, nu siktar vi på den räta linjer och funktioner. Du har valt eller måste ha Ma2b i din utbildning.

Jag vet att jag kan hjälpa alla med detta, men bara på ett villkor att du kommer till lektionen och att du frågar när du inte förstår och tar med dig material.

Det kan bara bli bättre och kom ihåg att vi går mot ljusare tider.

Vi ses på måndag. Hälsningar / I

Efter någon vecka kom Simon fram till mig efter lektionen.

Han sa: "Jag vill klara av det här".

Bra sa jag. Då gör vi så här. Du tar och sätter dig längst fram och för varje sak du inte förstår frågar du ett varför eller hur då eller något annat. Frågar man så får man svar.

Många forskare framhåller vikten av att analysera effekterna av lärarens egen undervisning och att skapa ett tillitsfullt lärandeklimat.

Läraren måste också ha en klar bild av vad eleven ska lära sig under en lektion och veta hur väl varje elev har lyckats med att uppnå målen, så kallade framgångskriterier.

Som lärare måste jag lyssna. Jag måste lyssna på eleverna, inte bara gå på eller säga du kommer att förstå senare.

De behöver också återkoppling så de vet hur det går och vad de kan göra för att lyckas bättre.

Simon hade bara suttit och ritat på formelbladet, nu började han vara med på lektionen och på slutet av terminen hade han precis som de flesta i klassen klarat av Ma2b och även Ma1b. Jag vet att jag sparade formelbladet. Jag önskar bara att jag kunde hitta det. Det var konst.

Det var med stor glädje jag satte godkända betyg till den lilla udda grupp elever i Ma2b den kommande våren.

Lärarkompetens= Lärarlegitimation+ ämneskunskaper+ pedagogiska kunskaper+ retoriska kunskaper+ empati+ förbättringspotential

Lärarkompetens = (Ll + Äk + Pk) + Rk + E + Fp

Ämneskunskaper och pedagogiska kunskaper lär vi oss lite av på lärarhögskolan men retorik och empati och framför allt förbättringspotential får man nog stå för själv.

Det gäller att förstå vad man behöver och se till att man lär sig detta. Det bästa är att eleverna hjälper till med detta om man lyssnar på dem.

Lärarna sitter idag väldigt mycket framför sina datorer. Det är ingen framgångsfaktor. Att dokumentera allt efter varje lektion, det går inte. Använd tiden till att forma intressanta och motiverande lektioner i stället.

Och använd ställtiden efter lektionen.

Tid för reflexion och eftertanke.

Hur mycket av lektionen gick fram?

Varför gick det inte så bra?

Eller varför blev det en så bra lektion.

Allt är viktigt att spara och ha till nästa gång.

Sätt dig ner och tänk efter ibland.

6

Grubbla inte över det du inte kan förändra (Henrik Ibsen)

"Hela mänskligheten och människans utveckling och förverkligandet av den potential som vi har som människor, den är beroende av att vi kan utveckla en bildning och utbildning som är i linje med, och relevant för, den verklighet vi befinner oss i nu." (Comenius, tjeckisk pedagog (1592–1670))

Det är en komplex uppgift detta med skolan. Med komplex menar jag då att det är många faktorer som påverkar hur systemet fungerar och att det inte går att styras centralt.

Förutsättningarna är att det inte får ta tid eller kosta något extra och resultatet ska bli en effektivare skola, med en effektivare undervisning, med lyckligare elever, som när de lämnar skolan är färdiga att ta tag i livets alla utmaningar, tack vare sin skola och sina lärare.

Vad är det som gagnar eleven bäst, statlig skola, dokumentation, samtal, lärarledda lektioner, eget arbete eller det digitala?

Alla vill ha en bättre skola med bättre och fler lärare, nöjdare och gladare elever, utan att det kostar mer och där tiden räcker till.

Men hur detta ska gå till är det ingen som säger. Det pågår en levande debatt om olika kunskapssyner.
Vi måste hitta ett sätt att bedriva undervisning utan att förändra allt.

Någon vill skriva en konkret bok för alla som vill bedriva undervisning.
Vi måste hitta tidlösa sätt att undervisa, säger andra.
Var finns de där som vet hur det ska vara?
De som vet vad som ska förändras?

Olika människor med olika egenintressen kopplade till skolan har haft sina idéer.
Människor har en agenda när de bygger skola.
Men dessa människor har försökt förändra och göra skolan bättre.
Alla dessa människor tänker olika och har därmed olika förutsättningar att förändra undervisningen.

Deras idéer har inte fungerat alla gånger.

Då frågar jag.
Vad är meningen med skolan?

Är det att hjälpa eleverna att göra karriär i detta samhälle eller att ge dem verktyg att förändra det? Ska de få kunskap och bildning eller bara vara inriktade på det som de ska göra i framtiden?

Hur många gymnasieelever vet vad de ska syssla med i framtiden? Ändå måste de välja inriktning redan innan de börjar gymnasiet.

Visst är det är dags för en förändring och en ny omskakning av skolväsendet i Sverige, men var börjar vi?
Skolan ska vara en arena där man skapar möjligheter för förändring av världen. Skolor behövs för att förändra världen.

De som vet vad som menas med undervisning är lärarna.
Lärarna är bra men de måste bli bättre.
Hur blir man då bättre?

Jag är engagerad i pedagogik och framför allt med det jag tycker är bra och det som genererar intressanta lektioner.

Jag tror inte det finns något tidlöst sätt att undervisa. Man måste vara flexibel och det som fungerar, är bra.

Hur vet jag då vad som fungerar? Mina elever har visat mig vad som är bra och vad som är mindre bra. Jag har lyssnat på dem. Övning ger färdighet.

Man måste vara trygg och ta ansvar och visa eleverna att det finns möjligheter inte bara svårigheter och att det faktiskt är roligt och användbart också det man lär sig i matematik.

Forskningen säger att

- *Lärares egen lärprocess avgörande för att höja eleverna*
- *Det krävs att lärare får rätt förutsättningar.*
- *Alla lärare har individuella förutsättningar.*
- *Alla skolämnen är olika och ger olika möjligheter att implementera förändringar.*
- *Olika stadier i skolsystemet ser olika ut och har därmed olika förutsättningar att förändra undervisningen. (Sara Engvall)*

En lärare kan bidra till att höja elevers känsla av meningsfullhet:

En lärare måste utvecklas, så att undervisningen utvecklas.

Läraren måste själv förstå vad som behövs för att han/hon kan bli bättre och eleverna kan indirekt hjälpa till i denna process om läraren är lyhörd.

Gick lektionen bra eller dåligt?

Varför?

Varför inte?

Var det för svårt?

Började jag på fel ställe?

Vad kunde jag ha gjort annorlunda?

Hur gör jag nästa lektion?

Varför inte prova något nytt?

Läraren måste veta var i kunskapskedjan eleven befinner sig och kunna haka på, på ett meningsfullt sätt och kunna analysera lektionen. För detta behövs reflexion, eftertanke och tid. Detta heter efterarbete eller ställtid.

Relationen mellan lärare och elev är en grund för inlärning.

Denna innebär ansvar, medvetenhet, närvaro och kontakt.

Förtroendefulla relationer ses som grunden för framgångsrik utbildning.

Som lärare måste man veta vad eleverna ska lära sig, hur de ska göra för att lära sig detta och sedan att de ska redovisa på något sätt.

De ska skriva, tala berätta eller göra något annat för att, för att visa att de lärt sig något.

Det är viktigt att veta att undervisningen nått fram. Jag hade i en klass undervisat om den räta linjen i ett koordinatsystem. Vi hade tillsammans tagit fram formeln $y = kx + m$.

Lektionen efter gav jag eleverna ett blankt papper och bad dem svara på frågan.

Vad är en rät linje?

Inget namn behövdes på papperna. Jag samlade in dessa och kontrollerade vad som stod.

En del hade koordinatsystem och formel och till och med parallella och vinkelräta linjer. Andra bara en formel och så vidare.

En elev hade ritat två figurer, en rät linje och en böjd. Det stod en förklaring bredvid varje figur.

"Detta är en rät linje, detta är inte en rät linje"

Hon hade svarat på frågan, men det var inte det svar jag förväntat mig.

Hon hade inte fel.

Det var en ögonöppnare.

Lärare har också uppdraget att arbeta med att eleverna ska hitta en passion i livet och ett intresse de ska ägna sig åt i många år.

Eleverna kommer inte självmotiverade till skolan. Eleverna är inte som en hög motiverade skidåkare högst upp på backen, ivriga att lära sig att på bästa sätt ta sig ner.

Ner kommer man alltid.

I klassen finns alla sorters elever precis som jag hade i min Ma2b-grupp, och alla ska ner.

Alla kommer att få hjälp.

Alla har potential till förbättring.

Hos en del växer passionen snabbt hos andra inte och en del har svårt att ta sig utför backen.

Hur arbetar man då bäst för att skapa motivation i klassrummet? Det gäller att

1) Ha en bra svårighetsnivå

2) Eleven har egenkontroll

3) Att arbeta tillsammans

4) Få eleven att känna tillhörighet i skolan

6) Få eleven att uppleva meningsfullheten

7) Eleverna måste få erfarenhet och känna att det är lönt att jobba vidare

8) Och att eleven får informativ och konstruktiv feedback

Motsättningar är viktiga. Spänningar växer fram och att lösa dessa är en drivkraft till förändring.

Men det måste finnas möjligheter och inte bara svårigheter.

Jag förändrade mina elever i Min Ma2b-grupp, men inte över en natt. Det tog tid och det krävde målmedvetet arbete. Jag ville att det skulle gå bra för dem, men inget är gratis i livet.

Det finns inga hemliga recept för framgång

Det är resultatet förberedelse, hårt arbete, och att lära sig från sina misstag.

Det gäller att samla på lyckade lektioner och ha dem i bakfickan.

Ibland behövs detta.

Tänk på vad som behövs just nu.

Vilka möjligheter finns.

Vad skulle du kunna göra så att eleverna får lära sig mer just nu?

Finns det något i samhället som kan illustreras?

Jobba med dig själv.

Var flexibel.

Tro på att det finns en möjlighet för alla elever.

Ge inte upp.

Tänk på att du håller på att forma framtiden.

Vad kommer härnäst?

Ha en vilja att förändra. Men hur?

Framtiden vet vi inte något om.

Kräv respekt och du kommer att lyckas.

Du förändrar minst en elev varje dag.

Gör alla lärare sitt bästa så blir det en skola i världsklass.

Visa myndigheter och politiker och andra att det går att förändra.

Ingen vill motstå förändring.

Var en del av rörelsen framåt.

Var inte den som kastar mörka skuggor över framtiden.

Gör lektionerna lärorika och varierande.

Motivera eleverna så som du blev motiverad att studera ditt ämne.

Det gäller att överleva på ett bra sätt.

Det gäller att se till att det finns balans i ditt jobb.

Det är ett förtroendeuppdrag.

Hantera det på bästa sätt.

Låt inte de tråkiga rapporterna ta över de roliga lektionerna.

Det gäller att ha balans.
Det gäller att ha koll på tiden och ha struktur.
Ha ramar och växa med uppgiften.
Styr ditt eget arbete, då räcker tiden.
Ha kontroll på elevernas kunskap, ge dem kontinuerlig feedback.
Se upp för fallgroparna.
Se mönstret.
Se förändringen.

Alla måste kunna vara med att se framåt.
Det ska kännas roligt och intressant, det ska vara kvalitet.
Det ska vara det man tycker om att göra. Då blir det en förändring.

Se till att eleverna går i samma riktning, att de vill komma till lektionen, att de ser fram emot lektionen och att de lär sig med glädje.
Det är som ett lotteri.
Man vet aldrig från början vem som lyckas eller vem som misslyckas.

Vi lärare måste göra det som behövs för att eleverna ska trivas och lyckas.

Alla måste bli bättre på någonting.

Vi lärare har ett mångfacetterat uppdrag. När det finns många problem finns det också många lösningar.

Här kommer några lösningar från forskningen.

Duktiga lärare kännetecknas av följande egenskaper

De är nyfikna

De vill förbättra undervisningen

De använder systematiskt kvalitetsarbete

De hjälper varandra att bli bättre

De arbetar långsiktigt

De har fokus på undervisningen

De utvecklar undervisningen.

De bygger relationer

De analyserar resultat.

De har läxförhör i stället för prov

De undviker stök

De utvecklar lärandet med formativ undervisning.

De tänker på hur de pratar i klassrummet.

De tar hjälp av de Nationella proven

De är kreativa och gör undervisningen
meningsfull.
De gör barnen redo för formell utbildning

De har höga förväntningar på alla elever.

De har tydliga standarder

De har målet att alla elever ska klara av den.

De är professionella

De jobbar på en skola som stöttar och som är byggt
på förtroende och uppbackning.

7

Jag vet inte vart jag ska men jag är på väg

Så kom Coronapandemin. Vad hände med skolan? Jag är speciallärare i matematik och min uppgift var att ta hand om Mattestugan och hjälpa en lärare med tre Ma2b grupper. Samt att ge elever individuellt stöd till elever med olika matematikkurser om de behövde.

Allt blev digitalt.
Hur blev det då?
Jag åkte hem lärde mig Teams och hur man använder en digital tavla på datorn. Det fanns instruktioner på YouTube.
Jag gjorde mitt eget schema och välkomnade alla elever till Mattestugan tisdagar från 12.00 – 17.30 på Teams. De tre klasserna jag hjälpte satt jag och lyssnade på lärarens lektioner på teams och gjorde i princip inget annat om inte eleverna ville ha individuell hjälp.

Allt dokumenterades veckovis. Jag skrev ett brev till alla tre rektorerna per vecka så att de visste att jag gjorde något. Det sista var viktigt. Jag kände att jag måste berätta att jag jobbade, men också att jag skulle kunna jobba mer.

Vi hade mattemöten i början av den digitala undervisningen och det fanns många frågor bland lärarna och de flesta besvarades inte på en gång. Det var en famlande undervisning, och en undervisning nästan utan mål.

Mattestugan var tom.

Inga prov i sikte för eleverna, en del fick hemmagjorda nationella prov och en del har ett kapitelprov online.

Ingen visste närmare om hur betygen ska sammanvägas, vad som skulle räknas och inte räknas. Målet var naturligtvis att bli färdiga med kursen. Var det fortfarande möjligt? En del elever tycker att det var svårt med undervisning online. Inga andra elever kontaktade mig. I allmänhet fanns det ingen kontroll av elevernas kunskap.

Som lärare måste jag veta var eleven är i lärandet.

Möte igen. Alla lärarna var samstämmiga i att tekniken fungerade och att undervisningen gick bra.

För mig var det inte bra.

Jag gjorde ingenting.
Ingen kom till Mattestugan.
Eleverna hade inga krav på sig inga prov som
väntade.
Jag skulle ha kunnat hjälpa fler elever om jag fick
några grupper av elever, där vi kunde köra kursen
på E-nivå till exempel.
Så blev det. Efter samtal med rektor
Det blev 22 elever som skulle ta snabbkursen i
Ma2b.
Eleverna jobbade, frågade, var intresserade och en
del tyckte faktiskt att det var lite roligt att
diskutera matematik.
En mycket positiv upplevelse.
Elevens lärande blev synligare.
Mattestugan transformerades alltså delvis till en
snabb intensivkurs i Ma2b.
Det blev grupper om 5 eller 6 elever.
Individuella muntliga prov eller prov i små
grupper. Jag ville vara säker på att varje elev hade
de kunskaper de borde ha, och att de fick den tid
de behövde för att lösa problemen.
Det gällde att göra intressanta lektioner med
utvalda exempel där eleverna kunde diskutera och
komma med lösningar.

Det gällde också att eleverna skulle lära sig att fråga om det som de inte förstod.

Det stora provet delades upp i fem delar.

Eleverna lärde sig otroligt mycket inte bara matematik utan också studieteknik. Det gällde vara kreativ och flexibel, där eleverna kunde diskutera och komma med lösningar. Det gick bra. Eleverna var med och jobbade hårt.

De lärde sig tänka logiskt.

Det gällde nu Geometri. Det var det sista.

Jag hade tagit Statistiken först, så vi kunde diskutera Folkhälsomyndighetens normalfördelningskurva.

Jag tänkte göra något nytt med geometrin. Jag samlade ihop 25 geometriproblem.

Förklarade för eleverna att detta var provet. Det skulle bli muntligt och att eleven skulle få två frågor eventuellt fler, att förklara muntligt för hela gruppen.

Nu gällde det för dem att förbereda sig och kunna förklara ett cirkelproblem och ett triangelproblem. De blev motiverade, de "ringde" och frågade.

Det förstärkte bara mina gissningar om att rädslan för matematik var det okända.

Detta att man aldrig visste vad som skulle komma. I de andra ämnena kom ju alltid en känd fråga. De kunde vara förberedda.

Det blev intressanta lektioner. Det blev diskussioner. Elever som aldrig förut visat intresse diskuterade och hade synpunkter.

Kunde problemet lösas på något annat sätt?

Vilka geometriska satser har vi använt?

Och visste ni om att Euklides skrev 13 matematikböcker om just plangeometri.

Det blev ett strålande resultat.

Det tar tid att ha digital undervisning och det kräver en omorganisation från lärarens sida. Allt måste finns på datorn och kompletterande förklaringar kunde göras på den digitala ritplattan. Farhågorna som några matematiklärare hade att denna snabbkurs skulle vara en kvalitetssänkning delar jag inte.
Eleverna lärde sig ta eget ansvar och att tänka matematiskt.

En stor förbättring och en fantastisk glädje för de elever som med råge nu lärde sig Ma2b.

Jag är helt säker på att om vi hade haft några veckor till hade några av eleverna nått upp till ännu bättre resultat.

Det fanns elever med potential på denna Gymnasieskola. De måste bara få en chans att visa det.

Detta skrev en elev om Snabbkursen.

"Det här var snabbt men samtidigt i ett tempo jag kände var rimligt. Därför kände jag både innan och nu i efter hand att det var ett väldigt bra alternativ.

Nu när kursen är avklarad känns det fantastiskt. Jag tycker verkligen att det var värt att göra och jag känner mig nöjd över att jag tog mitt ansvar och klarade av det.

Jag extremt motiverad i början och pluggade verkligen tills jag fattade. Under några av de senare veckorna hade jag dock väldigt mycket annat också vilket innebar lite mindre tid till matten. Även om jag pluggade mycket känner jag att jag nog kunde pluggat lite till. Under tiden känner jag matematiskt att jag fått en större förståelse över hur man ska tänka och varför det är viktigt att ha rätt metoder.

Eftersom vi gått igenom hela kursen så känner jag att jag har bra koll på innehållet. Specifikt betygskriterier vet jag inte men däremot så vet jag vad det är som krävs för att klara kursen eller klara den på en högre nivå. Vad som krävs för att faktiskt få ett visst betyg i form av mattetal och uppgifter känns viktigare än vad som står nerskrivet som betygskriterier.

Just vad vi har gjort och hur snabbt vi har gjort det tycker jag inte att jag borde kunna påverka egentligen då det var en snabbkurs. Däremot tycker jag att vi elever har kunnat få vår röst hörda och kursen har anpassats en del efter vad alla behövde. Något som exempelvis har varit skönt att kunna påverka är vilken tid man har proven och de enskilda lektionerna. Det har hjälpt väldigt mycket, speciellt när det har varit mycket annat att göra.

Ja, jag har tagit ansvar. Jag kände att det krävdes för att uppnå mitt mål vilket var att klara kursen. Eftersom det var så pass viktigt kändes det inte som det fanns något annat alternativ.

Jag tycker att läraren verkligen har varit positiv men samtidigt sträng och tydlig med vad som faktiskt krävs av oss elever vilket uppskattades från min sida väldigt mycket.

Kursen har utvecklat mina kunskaper mycket och framför allt så känner jag mig mer trygg i att plugga och hur jag gör det på ett effektivt sätt. Helhetsintrycket är väldigt positivt. Jag tycker att kursen har varit bra och skulle rekommendera den om andra elever får möjlighet till det.

Det finns väl förbättringspotential med allt, men jag kan inte komma på något jag hade ändrat.

Eftersom jag bor en bit ifrån skolan sparar jag cirka 1,5 timmar varje dag på att inte åka in till skolan. I det här fallet innebar det 1,5 timmar mer per dag som jag kunde plugga matte eller andra ämnen."

Denna snabbkurs tog 5 veckor, på en sommarskola får eleverna 4 veckor.

Undervisningen var på E-nivå och det fanns möjlighet att ta kursen kapitel för kapitel.

Den 11 juni, vid terminsslutet, hade vi matematiklärare ett utvärderingsmöte.

Jag var med.

Det var ju roligt och intressant att höra de andra lärarnas kommentarer.

Det skulle ha varit intressant att få veta vilka metoder som de andra lärarna hade använde samt vad eleverna i allmänhet tyckte och tänkte om den digitala undervisningen. Några svar på detta fick jag inte.

Jag tyckte att det var fantastiskt att jobba digitalt. Man ser eleven, man hjälper eleven och kan göra skillnad på ett helt annat sätt. Jag tror att den digitala plattformen var den ultimata för dessa elever, och jag tror att de fortfarande är stolta över vad de kunde åstadkomma på 5 veckor.

Det var med stor glädje som jag cyklade till skolan och skrev på deras betyg och tackade mina rektorer för att jag fick förtroendet att ta hand om dessa elever.

Lärarkompetens = (Ll + Äk + Pk) + Rk + E + Fp

Jag kunde då inkludera digital undervisning i min förbättringspotential. Det kändes bra.

Jag ser en potential i detta sätt att arbeta, eleverna ser en möjlighet att kunna klara av kurser på kort tid.
I dessa pandemitider skulle det kunna vara ett annat sätt att arbeta, ett annat sätt att snabbt klara av en kurs, ett betyg.
Kortkurser i alla matematikkurser på olika nivåer. 5 veckor per kurs eller mer. Snabbt och bra. Med betyg.
Elever lär sig dessutom bättre om belöningen kommer snabbt har det visat sig.

Byt perspektiv. Tänk på vad som skulle vara
möjligt. Tänk på att det skulle bli så mycket bättre
för eleven att beta av kursen lite i taget på olika
nivåer. Pandemianpassning.

Lärare bör starta en revolution, inte genom att
kämpa mot systemet, utan de kan förändra saker
och ting i tysthet och om tillräckligt många gör
detta i samma riktning, samtidigt, så förändras
systemet. I samma riktning, samtidigt

8

*Se inte världen genom ett nyckelhål
öppna dörren i stället.*

Var aktsam och ödmjuk.

Vi lärare måste vara flexibla.

Vi har ju övat oss att bli digitala i allt utom i
undervisningen.

Nu fick vi en chans. Den måste vi ta.

Vi måste lära oss att hantera denna digitala värld
för elevernas skull. Min Snabbkurs skulle ha
kunnat fungera för många klasser. 5 veckors
snabbrepetition med resultat och betyg

Låt utbildning via fjärr- och distansundervisning
fortsatt få vara en möjlighet för Sveriges elever och
lärare. Inte bara vid pandemier, utan även när
normalläget är tillbaka. 5 veckors snabbrepetition
för förlorad undervisning.
Vilken kurs som helst.

Tänk på vad du vinner på det.

Sedan skulle man kunna fortsätta med nästa kurs eller ha flera kortkurser.

Ett pusselarbete kanske för lärare, men en möjlighet för stressade elever, som inte har motivation för läsårslånga kurser.

Dessa elever, efter avslutade gymnasiestudier, måste sedan kunna få komplettera kurser och få högre betyg på Komvux.

Många små snabbkurser digitalt. Skulle lösa många problem med skolan för eleverna just nu. Alla pratar bara om pengar.

Minskar man resurserna, måste kraven sänkas.

Det är inte nödvändigt.

Att hinna med kursen = alla exempel i boken. Boken är inte kursen. Den är ett exempel på vad man kan gå igenom för att hantera kursen, men man behöver inte lösa alla tal i boken.

Det går att välja.

Välj rätt exempel.

Boken är bara en exempelsamling där läraren kan välja.

Bara den som kan matematik förstår en matematikbok.

Bara den som kan sin kurs kan lära ut den, på olika nivåer.

Vad händer med skolan i framtiden? Skolan är mycket komplex. Så många aktörer så stora intressen.

Alla vill förändra skolan,

Ska kommunerna eller staten vara huvudman? Statlig skola eller ökat inflytande?

Lärarnas status måste förbättras?

Svårt att realisera.

Hur gör man?

Fler och bättre lärare.

En ekvation som är svår att få ihop.

Mindre klasser mer kunskap.

Elevernas kunskapsresultat?

Obligatoriskt gymnasium.

Fler speciallärare.

Hur höjer vi bäst resultaten? Försämrat läs och skrivförmåga. Detta som är grunden för lärande och utveckling.

Vilka förmågor och kompetenser behövs i framtiden? Mål och ambitioner?

Forskningen pratar bara om det som varit, men samhället förändras och vi måste försöka vara steget före.

Den minskade likvärdigheten. Skillnader mellan skolor ökar.

Det tar lång tid att vända resultaten.

Ny läroplan gör inte allt, det viktiga är att veta vilket mål man har. Allt måste ses från håll.

Hur man löser lärarkrisen, beror på vad man menar med kris.

Har vi för få lärare? eller

Har vi inte tillräckligt bra lärare?

Brist på flexibilitet? Nya karriärvägar, lönepåslag, nya vägar till avancemang, utan att behöva ta en arbetsledande position. Enkelt på pappret, svårt i en komplex verklighet.

Alla förändringar som förbättrar skolans möjligheter att lyckas med sitt uppdrag är av godo utom de förändringar som kommer utifrån ett ekonomiskt perspektiv.

Dessa senare har inte lett till ökad effektivitet, utan endast till ökade kostnader för kontroll.

Utbildningsförvaltningar som arbetar med annat än det som gynnar elevernas undervisning, ger bara ökad administration och minskad tillit. Mycket pengar går i dag till annat än kärnverksamheten.

Lärarna arbetar mer och mer, men med fel saker.

Senaste årens alla förändringar har inneburit för många åtgärder i fel tid.

Men vad gör läraren egentligen?

Alla lärare är bra, men de måste bli bättre.

Lärarkompetens = (Ll + Äk + Pk) + Rk + E + Fp

Lärarkompetens= (Lärarlegitimation + Ämneskompetens +Pedagogisk kompetens) + Retorik + Empati + Förbättringspotential

Var kreativ och flexibel med att lösa skolans problem

Hur kan ett yrke som är så fyllt med problem vara så attraktivt?

En lärare kan väcka förväntningar.

Läraryrket är fantastiskt på många sätt, med utmaningar och glädjeämnen.

Varför blev du lärare?

Vad säger lärare i allmänhet? Jag tror alla lärare säger som jag.

När eleverna lyckas då har jag lyckats som lärare och att se elevernas utveckling där inlärning blandas med konfliktlösning ger oss lärare guldkant på vardagen.

Hur får jag med mig eleverna?
Vad är motivation?
Anpassa undervisningen efter eleverna.
Daniel Pink har skrivit en bok som heter Drivkraft: "Den överraskande sanningen om vad som motiverar oss." Boken är baserad på studier som visar att högre lön och bonus resulterade i bättre motivation endast om arbetet var monotont och rutinartat.

Om man ska motivera andra yrkesgrupper, ska man ge dem chefsjobb eller utrymme att motivera sig själva med olika kompetensmöjligheter, annars ger det minskad motivation.
Det gäller att skapa utrymme för alla som vill vara med att motivera sig själva.

Så vi lärare måste ha drivkraft för att ge drivkraft till våra elever.

Vi måste kunna på något sätt förstå eller se hur framtiden kommer att vara.

Det är ju vi lärare som ger grunden till elevernas kunskap, detta som de ska förvalta och förbättra världen med.

Vi lärare måste veta.

Vad är bäst?

När passar detta in?

Hur visar jag det på bästa sätt?

Var är eleven kunskapsmässigt?

Vem av eleverna klarar sig inte alls? Varför det?

Vilken strategi ska jag använda där?

Vart är vi på väg?

Vilket mål har vi uppnått?

Vilka mål vill vi nå? Omedelbar feedback.

En skola är en plats där lärande och inlärande är taget på alvar.

En skola där det är ordning och reda.

En skola är en plats där alla barn kan lära sig och att det är OK att var smart eller inte.

En skola är där lärare har egen makt att välja texter, material, och metodik – bara det fungerande ska finnas. Alla lärare ska vara kreativa.

Vi lever i en annan tid nu och vi undervisar eleverna för en framtid vi inte vet hur den ser ut. Kommunikationskompetens handlar om effektivitet, lämplighet, tydlighet, anpassningsbarhet/flexibilitet. Där spelar feedback en stor roll.

Flexibel för anpassning och viljan att lyckas och bli effektiv. Vi vet var vi är nu, men måste gissa oss till framtiden.

Som lärare måste man kunna möta alla elevers behov. Man måste vara på olika sätt och variera sig efter olika behov.

När jag gick i skolan hade vi inga miniräknare och inga datorer, inga TV apparater i klassrummet, inga Smart boards, inte YouTube, inga videokameror eller mobiltelefoner.

Vi var inte uppkopplade. Vårt sociala nätverk var begränsat och att något som Facebook och Skype skulle komma att koppla ihop hela världen var något vi inte hade en aning om. Vi var smarta ändå och våra lärare också. Vi hade kapacitet och kreativitet, vilket är en gåva och vi gjorde något av det vi hade. Tiden går fortare nu, inte för att vi har blivit äldre utan för att informationsflödet är oändligt. Vi bildades.

En lärare är inte samma som en annan lärare. Skillnaden är avsevärd.

De flesta åtgärder för skolan höjer inte lärarkvaliteten.

Ge läraren tid, materiella resurser och stöd från ledning och kollegor. Då blir lärarna bättre på att bli bättre?

Lärarna är bra, men måste bli bättre.

Vi börjar med eleven Hur ska eleven veta om det var bra eller dåligt, rätt eller fel om inte någon talar om detta. Återkoppling från läraren ska medverka till tänkandet.

Konsekvensen blir positiv. Varje elev kan bli bättre.

Elevens prestationer förändras.

Hur vet vi vad de kan? Fråga!

Börja där eleverna är, inte där boken börjar, och fortsätt sedan.

Forma och förbättra kompetensen hos eleven och utred missförstånd.

Granska och reflektera.

Ge en tydlig bild av målen.

Ge exempel av bra saker.

Ge regelbunden feedback-

Använd själv bedömning.

Ta ett lärandemål i taget.

Ha målinriktad repetition

Använd självreflexion och delande av lärandet.

Använd dag för dag, inom och mellan lektioner

Detta ger ökat elevengagemang och bättre
lyhördhet från läraren

mål   => Se alltid på elevens behov

fokus => förberedelse => testa i grupper =>

gör analyser i arbetet => Upprepa och ompröva

Bra lärare kännetecknas av en rad egenskaper, där
en av de absolut viktigaste är nyfikenhet och den
att fråga.

Frågorna ska väcka nyfikenhet och ska även
påbörja en tankeprocess hos eleverna.

Du som lärare måste vara kreativ, nyfiken,
uthållig, ödmjuk och vilja förändra världen.

Då når du fram till många elever.

9

Man får bara en resa genom livet
Lär dig språk. Läs en bok.

När jag började skolan var jag sex år. Jag hade fått
göra ett skolmognadsprov på en skola högt uppe
på vinden. Jag skulle rita ett hus och en flagga.
Huset skulle ha skorsten och det skulle komma rök
ut ur skorstenen. Flaggan och röken blåste åt
samma håll på min teckning.

Jag var skolmogen ansågs det.

Jag gick fyra år i folkskolan och sedan flyttade jag
över till Läroverket. Jag hade poäng nog för att
komma in direkt från fyran. Jag kom in i 1^5 och
började med engelska efter två år började vi med
tyska och två år senare med franska.

Jag lärde mig oregelbundna engelska och tyska
verb och franska verbböjningar. Någon glädje
tyckte jag inte att det var att sitta och översätta från
ett språk till ett annat eller läsa några texter. Det
fanns inga filmer vi fick se eller något annat roligt.

Jag gick matematiska linjen med matematik, fysik och kemi och tog studenten. Men jag hade mina språkkunskaper. Med dessa fick jag jobb i Schweiz, i Guatemala och i USA. Jag använde min tyska, min engelska och lärde mig spanska.

Allt detta hade jag inte kunnat göra om jag inte haft grunden till språken från skolan.

Språk är viktiga, men de flesta elever väljer ett språk för att de vill kunna prata engelska eller tyska eller spanska för att de reser mycket.

Det kan också vara intressant att läsa böcker på originalspråken och lära sig deras kultur, matlagning etc.

Den första frågan man ska ställa sig är vad eleverna vill lära sig. De vill nog hellre lära sig spanska åka ner till Madrid och se en fotbollsmatch mellan Real Madrid och Barcelona än sitta och traggla verb i imperfecto eller preterito.

Med språk kan man göra så mycket.
Man kan ha lässtrategier och undervisning i svenska, retorik och psykologi på gymnasiet.

Man kan ha grammatik-promenader, kultur,
reflexion och kommunikation, sociala medier och
samarbeten mellan länder.
Ett språkutvecklande läsår, aktiv läsning, nya
utmaningar, samarbete i retorik och affärsjuridik,
föreläsningar, mässbesök, blogg, språkövningar,
vetenskaplig stil, läsundervisning.

Tänk på att alla elever inte vill bli språkexperter,
de vill bara lära sig prata. Spela memory på tyska
eller efterlyst på engelska eller franska.

Återkoppling som skickar positiva budskap. Det
finns så mycket att göra. Gör det roligt och
motiverande.

Var inte rädd att säga fel. Jag hade ett sommarjobb
på ett hotell. Jag skulle vara i receptionen.
Jag läste i Uppsala och lite extra pengar var alltid
välkommet. Jag var lite orolig för språken.
Det kom många utländska resanden till hotellet
och mitt uppdrag var att ta emot betalning, men
även göra reservationer.
Engelska vad huvudspråket. Här spelade det
ingen roll om det var fel på grammatiken. Det
märkte jag snart.
Huvudsaken var att gästerna fick svar på sina
frågor och att de blev hjälpta.

Där i receptionen förstod jag att jag lärde mig mer och mer ju mer jag pratade.

Men också genom den återkoppling jag automatiskt fick genom att höra vad jag själv sa, samt genom den respons jag fick från de utländska gästerna.

Detta var en utmärkt hjälp att förbättra språket.

Var inte vara rädd att säga fel.

Gästerna förstod i alla fall.

Kent Fredholm, gymnasielärare i italienska, får Kungliga Vitterhetsakademins pris för "berömvärd lärargärning". Vi kämpar i motvind, säger han. Om man från statens sida vill något med språk borde de läsa i tre år. Språk är inte bara ord och grammatik, du ska lära känna en hel kultur så gott det går.

Barn. Ni måste börja läsa böcker. Dagens ungdom kan inte stava för fem öre och har ingen aning om vad "skrivregler" är. Lär er!"(Yohio)

Birgitta Hybinette skrev "Vi hade en gång ett språk"

Ebba Witt-Brattström: Skönlitteratur vidgar elevernas vyer "Kalla det demokratifostran eller bildning, det kvittar. Men snälla, lär ungarna läsa!

120

Inlärning handlar mycket om att kunna strukturera information och att få hjälp.

Att lära sig att tänka självständigt kräver ämneskunskaper och vi lärare måste nå våra målgrupper, annars har vi ett mycket begränsat värde.

Vi måste se till att det blir kreativt, roligt och intressant att läsa och att lära sig språk.

Alltid med utvärdering och uppföljning för förändring.

10

Problem är inga stoppskyltar, det är vägvisare

- ROBERT SCHULLER -

En annons jag såg. En perfekt Lärarassistent.
Han kan hjälpa läraren med nya rutiner

"Är på jakt efter en ny utmaning där jag kan få
använda all min samlade erfarenhet och
kompetens för att hjälpa ett företag framåt. Jag
drivs av utveckling och gillar när det är högt
tempo. Är social och trivs bra i grupp men jobbar
likväl starkt självständigt. Är idrottsintresserad
och har alltid varit en lagspelare. Utöver det älskar
jag att laga mat. Mina styrkor kommer väl till
användning när det finns tydliga mål att jobba mot
då en drivkraft alltid är att prestera utöver dessa.
Är jag er nya stjärna? Hör av er"
Lasse

När jag arbetade på det Amerikanska Universitetet i Guatemala och undervisade ingenjörer i matematik hade jag två assistenter. Det var fantastiskt. Jag förberedde lektioner och höll dem. Resten gjorde mina assistenter. Jag skrev proven för hand---- de skrev i dem på datorn.

Jag skrev svarsmallen för hand – de skrev upp dem på datorn och de rättade proven och satte in resultaten på ett Excel ark. Jag kontrollerade naturligtvis, men allt det administrativa var klart. Jag gav eleverna feedback och höll lektionerna. Eftersom det var universitetsnivå behövdes ingen kommunikation till föräldrarna.

Det var det bästa jobb jag någonsin haft.

Jag gjorde det roliga. Jag undervisade.

Mina assistenter gjorde det administrativa.

Då kan man nå längre och bli bättre.

Vad är en bra lärare? En som hinner med allt eller en som är helt engagerad i sina lektioner och överlämnar det administrativa till assistenten. Alla lärare säger ju att tiden inte räcker till. När tiden är slut, är den slut, och frågan är vad som ska prioriteras bort. Inget.

Be om hjälp.

Undervisningen ska läraren klara själv.

Assistenten ska inte vara med på lektionerna.

Assistenten ska sköta skrivbordsjobbet.

Elevassistenter kan leda till sämre elevresultat om de används som lärare. De är inte lärare.

Det kan vara svårt för lärare att släppa kontrollen. Uppdraget gäller ju hela eleven med undervisning och efterarbete, dokumentation och kontakt med föräldrar, möten och annat, men det går att utbilda sin lärarassistent så att det blir ett komplement.

Vi har sagt att läraren behövde mer tid för att bli bättre på att undervisa.

Där kommer lärarassistenten in.

Be om hjälp. Det behövs.

Du är inte en sämre lärare för att du ber om hjälp, tvärtom du vet vad som finns i ditt uppdrag.

Det är undervisning som är det primära och det är den som du som lärare ska kunna hantera.

Den administrativa bördan som har lagts på lärarna kan tas hand om av en lärarassistent.

Du som lärare har då en chans att bli bättre på ditt uppdrag när du får mer tid för undervisning och reflexion.

Genom en positiv kommunikation med lärarassistenten behåller man kontrollen.

Det gäller att jobbet inte utförs av båda. Det gäller att komma överens.

En lärarassistent kan hjälpa till med att:
Vara en tydlig vuxen.

Delta vid konferenser och APT.

Använda föreskrivna digitala verktyg för information till elever och vårdnadshavare.

Samarbete i ämneslag.

Kompetensutveckling

Prioritera friskvård.

Bedömning och betygssättning.

Föräldrakontakt.

Planera och genomföra utvecklingssamtal.

Institutionsvård.

Ledamot i olika arbetsgrupper.

Läromedelshantering. Samtalsgrupp. Skapa av nytt förevisningsmaterial

Göra undervisningsmaterial extra tilltalande. Hålla sig ajour med aktuell forskning i dina ämnen.

Vakta nationella prov. Rätta nationella prov. Uppföljning av elevers frånvaro. Tillsyn. Ledighetsansökningar från elever.etc.

Då kan läraren koncentrera sig på sitt jobb med undervisningen.

Förarbete/planering genomförande av lektioner samt efterarbete och undervisning samt att ge tydlig information och feedback till elever.

Handledning för lärarstuderande samt att läsa e-postmeddelanden

Mentorsuppdraget bör skötas av mentorer inte av lärare.

Resten är redan förberett av lärarassistenten

Detta hjälper läraren i kampen mot klockan och de får mer tid för varje enskild elev och läraren kan bli kreativ i sitt klassrumsarbete.

Miljonsatsningen för fler lärarassistenterna måste utnyttjas. En assistent på två eller tre lärare.

Allt beror på vad läraren vill ha hjälp med.

Kontrollbehovet kan vara stort, men ansvaret kan delas.

Utbilda din Lärarassistent.

Assistenterna ska avlasta inte belasta.

$Up = (P+ Uv+ E) + D+ Us+ M$

De tre första är lärarens jobb de tre sista kan assistenten ta.

Släpp kontrollbehovet. Assistenten hjälper.

Detta löser också helt säkert problemet med att rekrytera nya lärare. Läraryrket kommer att bli mer attraktivt utan administration och utan mentorskap.

Det föreslås lämplighetstest till lärarutbildningen. Hur ska ett sådant test vara utformat?

Men hur vet man att någon är lämplig som lärare innan utbildningen har börjat? Läraren måste ju vara både skådespelare och regissör med kunskap och kreativitet.
Har du haft en bra lärare?

När jag gick i första klassen tyckte jag att fröken Moström var jättebra för hon ritade så fint på tavlan.

På gymnasiet tyckte jag det var mycket intressant med alla kemiska experiment. Vi gjorde både tvål, färgade eld och hade vulkanutbrott.

På universitetet fanns det bara föreläsare inga lärare.

Har vi en rättvis bild av skolan? Det beror nog på vem du frågar.

Allt är relativt.

Vad är rätt och vad är fel? Alla tycker olika.

Om någon ska tala om för dig vad du ska göra. Skapar detta höjd tillit?

Nej inte alltid, bara om jag förstår vad jag ska göra.

Läraren måste själv förstå vad som ska göras.

Det är bara läraren som vet vad som kan fungera i de olika klasserna.

Vi misslyckas först och blir sedan bättre. "Experience is the best teacher" Allt som fungerar är bra.

En del lärare är inte pedagogiskt kompetenta och förstår kanske inte varför.

Om de inte förstår detta och om de inte vill bli mer kreativa så är det bättre att de byter yrke.

Det handlar om hur undervisningens kvalitet kan stärkas, blir mer varierad och väcka intresse och engagemang hos eleverna. Lärarna måste förändra sina vanor. Det gäller lärare som vill bli bättre. Få nya rutiner är svårt.

Det tar ungefär tre månader att komma in i nya rutiner, men bara en vecka för att glömma bort dem. Allt enligt en löparcoach.

Men alla lärare är olika. Varje lärare kan bli bättre om de metodiskt arbetar på det.

Små steg.

En sak i taget.

Allt styrs av elevens behov.

Först innehåll sedan process

Ämnesfokuserad gemenskap

Formativ bedömning i klassen

Kvalitetskontroll och kvalitetssäkring

Gemensamma betygsunderlag lagarbete.

Fokus på resultat hos eleven, på enskilda läraren och på lärarförbättringen. Det gynnar eleven och ger ökad lärarkompetens och effektivare undervisning.

Vad ska vi då göra för att ändra kurs, för att förändra vanorna i klassrummet. Allt är svårt innan det blir lätt. Det gäller elever och det gäller lärare. Att jobba hårt vinner alltid över talang. Inga mer pengar, ingen mer tid, byt bara ut något som inte fungerar till något som fungerar för eleverna.

Även små framsteg räknas.

Vi måste gå framåt varje dag och man kan också lära sig av misslyckanden. Två saker som är bra för eleverna i klassrummet är att förbättra kursinnehållet eller läroboken och att använda formativ bedömning.

Vi lär oss att undervisa genom att undervisa. Som att lära sig att cykla eller simma.

Vi lär oss att cykla på cykeln. Vi lär oss simma i vattnet.

Vi måste fokusera på att varje lärare i varje skola blir bättre. Inte för att de inte är bra utan för att de måste bli bättre.

Varje lärare säger att de inte har tid med detta, men i verkligheten kan du göra detta om du tar bort något annat.

Ta hjälp av en assistent. Då har du tid.

Läraren ska börja där eleverna är, inte där läroboken börjar. Läraren måste fortsätta på det som eleverna har lärt sig.

Fråga frågor så att elever börjar tänka och resultatet blir en mer sammanhängande lektion.

Läraren måste lära sig att sålla mer i läroplanen eller läroboken. Använd flervalsfrågorfrågor.

"Ingen fara, Försök igen. Misslyckas igen. Misslyckas bättre". (Samuel Becket. Fail but fail better.) Be om hjälp.

Om varje lärare tror att de kan vara en bättre lärare nästa månad då kan vi förändra skolan.

Forskning visar bara det som varit. Den visar aldrig vad som komma skall.

Skoleffekten är liten men lärareffekten är stor enligt Pisa.

Alla lärare kan bli bättre. (Dylan Wiliam, professor). Svårigheten är att överleva som lärare.

11

En liten bit i taget och du kommer långt

"Just pedagogens arbete står närmare
yrkesutövningen av en skådespelare, en musiker,
en konstnär och en författare än arbetet inom
många andra ansedda yrken. Läraren står varje
dag inför en mångfald av olikartade karaktärer
med ständigt skiftande behov och böjelser. Han
måste varje dag, liksom inför en skulptur,
modellera, men med ett material som är mer
komplicerat än lera och sten."

Från den ryske matematikern B W Gnedenko,
(1968) som förstod att undervisning är en form av
konstutövning.

Jag har undervisat i många år och som alla
matematiklärare älskar jag mitt ämne. Det är som
musik, förnuftets musik, logikens musik. Jag är
helt säker på att alla matematiklärare känner
samma sak. De känner en passion för ämnet och
vill överföra denna passion till eleverna.

133

Mötet med den passionerade läraren och den förskräckta eleven hur det blir det?

Det är svårt att förespå. Många gånger blir det ett kaos.

De elever som senaste åren har kommit till mig har många haft en rädsla för matematik. Denna rädsla har de helt säkert haft länge.

Denna rädsla gör att de inte kan tänka klart på lektioner, de förstår inget och kan inte koncentrera sig när det gäller att lösa problem.

Än mindre kan de prestera på prov.

De har svårt att komma vidare. De måste visa vad de kan och det går inte. Det gäller att lösa den knuten. Eleverna vill klara av matematiken, men har många gånger ett så negativt sätt att tänka på matematiken att det kan nästan vara ett trauma.

Man måste börja där eleven befinner sig på kunskapskurvan och på så sätt gå vidare. Om läraren gör det och eleven känner sig sedd och förstådd, så kan det bli bra.

Det blir sedan bättre varje gång.

Matematiken blir svårare med tiden men om eleven hänger med blir allt bra med tiden, men om eleverna fastnar, måste de våga fråga. Varje fråga känns jobbig men nödvändig. Om de sitter i en klass låter de ofta bli att fråga. Hålet av okunskap bara växer och växer och det blir en avgrund. Det gäller att hitta eleven. Det gäller att hitta tillbaka till den punkten där eleven hade förstått och sedan fortsätta därifrån.

Detta jobb kan med fördel göras digitalt. Det går att nå eleven när det finns tid. Ingen annan lyssnar och eleven blir bättre på att förstå.

På en mattestuga går det inte alltid att hjälpa en elev med dessa problem. Många befinner sig i en avgrund och är förtvivlade.

Kommer det bara en sådan elev går det kanske att börja lösa upp knuten, kommer det flera är det svårt eftersom eleverna befinner sig på olika platser på kunskapskurvan.

Alla elever har rätt att känna att de lyckas. De vill bli sedda, de vill bli hörda och de vill känna att det finns hopp.

De måste lära sig sätta ord på sina svårigheter.

Jag dömer inte, jag lyssnar.

Det ska finnas möjligheter inte bara svårigheter.

Vi tillsammans brukar hitta en väg framåt.

Höj kvaliteten på undervisningen och använd lektionstiden till något annat än att försöka räkna alla tal i Matematikboken och/eller lyssna till en lärare som man inte förstår vad han/ hon säger vid tavlan.

Den digitala plattformen skulle vara en utmärkt plattform för en Mattestuga, där varje elev när den vill och på sina villkor kan få fråga alla frågor de har och få svar på dem.

Tänk er en nationell digital Mattestuga, öppen från klockan 8.00 till 20.00 och längre om det så önskas. Där elever från hela landet kunde få svar på sina matematikfrågor.

Ingen fråga bör förbli obesvarad. Bemannad av äldre erfarna entusiastiska lärare.

Ja det skulle kunna finnas en digital Språkstuga också med några språklärare som inte heller har fått nog av elever och undervisning.

Alla matematiklärare har en inre passion för sitt ämne. Låt denna passion, bli passion för inspirerande möten, inspirerande lektioner med eleverna. Eleverna själva kan hjälpa till på denna resa, som bara blir bättre och bättre.

Forma eleven med hjälp av bedömning, separerat från betygprocessen. Lär eleven bedöma sin kunskapsutveckling, och var deras coach i detta nya lektionsklimat.

I detta lektionsklimat får eleverna själva följa sin utveckling. Både elever och lärare granskar och reflekterar över det som kommer fram vid lektionsbedömningen.

Jag brukade säga till mina elever att jag har anteckningar om er på två sidor, en sida där jag ser vad ni har presterat på prov, den andra sidan visar hur ni tänker och jobbar på lektionerna.

Lärare vill ha inspirerade elever. Det kan de få om de vill.

Matematiska samtal kan ge mer konstruktiva och kreativa elever. Idéer läggs fram, strategier testas och till slut enas eleverna om ett svar. Det är intressant att höra andras tankar!

Kommunikationskompetens handlar om att använda rätt ord vid rätt tillfälle

upprepa – återupprepa – resonera – lägga till – vänta

prata – ändra sin tanke – förklaring- argument - slutsats

Var effektiv, tydlig och flexibel. Skapa effektiva klassrumsdiskussioner, aktiviteter och lärandesituationer som frambringar bevis på lärande.

Man måste tänka lite omkring, organisationen kring lektionen, lektionens upplägg, det pedagogiska upplägget, och på klassrumsmiljön.

Vi lärare måste lära oss lyfta undervisningen. Vi måste ta oss an meningsfulla uppgifter.

Inom geometri och algebra finns dessutom en hel del symmetri att visa på.

Nyttan med skolmatematik är framför allt den utveckling av inre krafter som träningen medför. Räknesätt och procenträkning hör till allmänbildningen, men är bara ett ytskikt av matematiken. Trots detta är det svårt för många att skilja mellan procent och procentenheter.

Det som utvecklar våra tankekrafter, vår kreativitet och omdömesförmåga är den problemlösning som vi lär oss. Vi tränar upp arbetsminnet.

Konditionsträning har också visat sig vara bra för arbetsminnet. Träna arbetsminnet och välj matteuppgift noga och spring några kilometer.

Eleverna måste bli bättre på matematik skriver man. Vi måste lära eleverna att tänka. Att tänka på så sätt att det blir vardag för dem och att inte matematik är något skrämmande.

Inte något som bara kan vara rätt eller fel utan något som går att diskutera.

Varje prov eller aktivitet, som höjer elevens lärande är formativ bedömning. Varje aktivitet som kan hjälpa eleven att lära.

Bedömning är formativ om den hjälper eleven på vägen att lära sig mera. Den formar eleven.

För att kunna förstå Matematik måste man ha en sammanhängande kunskap. En del saker beror av andra och för att dessutom kunna relatera till verkligheten kan en del elever ha svårigheter.

Utmanande aktiviteter

Vad är sant? falskt?

A = 0.33 är större än 1/3

B = 0.33 är mindre än 1/3

C = 0.33 är lika med 1/3

D = det behövs mer information

Vi måste använda det vi vet om matematisk förståelse när vi gör dessa frågor.

Ha en kommunikation med eleverna.

Frågorna måste generera någon matematisk struktur

Stängda frågor kan vara bra

Frågor med flera svar är bra.

Felaktiga svar är utmärkta som diskussionsunderlag.

Använd matematikboken

Allt passar inte överallt.

Använd det som ger utmaningar

Elever bör lära sig att berätta och fråga

Svara på elevernas idéer

Bedöm svaren från eleverna

Utvärdera elevernas svar

Försök få alla med i diskussionen

Låt eleverna diskutera sinsemellan

Diskutera i helklass

Slutliga tankar

Kom ihåg, alla svar är intressanta.

Jag har överlevt som lärare. Förra året arbetade jag som resurslärare vid ett gymnasium.

Jag såg när eleverna inte förstådde eller inte, jag såg om eleverna var uttråkade och jag såg om eleverna var engagerade i klassrummet.

Tyvärr var motivationen inte alltid den bästa. Många ägnade sig åt annat.

Vi lever i en tid där informationen strömmar in och ut. Flödet är oändligt.

Är vi då också bättre på att ta in, förstå, bearbeta och lära ut med hjälp av all denna teknik. Det är inte säkert.

Det digitala är bra, men som allt annat måste det komma precis vid rätt tidpunkt och komplettera lärarens undervisning,

Det digitala kan inte ersätta lärarens undervisning, bara vara ett komplement, men ett mycket bra komplement använt på rätt sätt.

Bara för att läraren har alla utbildningar klara och alla papper i ordning är det inte säkert att läraren är en bra lärare. Det behövs mer än så. Bara för att man är en A-student betyder det inte att man är en bra lärare.

En lärare måste nå fram, måste motivera och måste engagera sina elever. Eleverna får välja skola, men inte lärare.

En matematiklärare måste vara både en skådespelare och en regissör och dessutom ha engagemang, empati och viljan att förstå att det inte är lätt när man aldrig har förstått. Jobba långsamt.

Fokusera på en eller två aspekter varje gång, och alltid ha något extra i bakfickan.

Min dotter svimmade precis när jag skulle gå till skolan.

Jag sprang till affären och köpte lite medicin och något att dricka. Sedan rusade jag till tunnelbanan och till skolan.

Jag rusade in i lärarrummet, slängde av mig kappan och högg till mig en whiteboardpenna och rusade upp till lektionen.

Utanför klassrummet stod tre vuxna, redo att gå in i klassrummet. Till min klass.

Jag var tom i huvudet.

Jag hade glömt var vi slutade förra lektionen.

Jag frågade eleverna: "om vi nu ser tillbaka vad vet du om den räta linjen?"

Det blev en perfekt feedbacklektion, en återkoppling gjord av eleverna själva.

Med många diskussioner om varför vi behöver ett koordinatsystem att rita linjen i, vad händer om vi har två räta linjer eller tre?

Det var en repetition av gårdagens lektion. Det var perfekt för eleverna och för mina besökare. Mina vuxna besökare var imponerade av mina elever.

Det kändes bra.

Kom ihåg att ha med dig eleverna på resan.

Var flexibel och uppfinningsrik.

12

Det finns inget annat misslyckande än att sluta försöka

Förutsättningarna för undervisning är olika i olika skolor och för olika lärare men det är viktigt att vi lär av varandra och tar med det som fungerar tillsammans på resan så att betygen blir likvärdiga.

Hur ska detta gå till?

Vi behöver tydligare riktlinjer där målet är samstämmighet.

Fritänkande ger utrymme för pedagogisk utveckling.

Allt gemensamt och lika, är svårt, för vi är alla olika och det fungerar aldrig optimalt.

Lärare är nästan aldrig överens eftersom mål och kriterier är svårtolkade.

Vad är enkelt, väl utvecklat eller välutvecklat?

Vi måste komma ihåg att

Bedömning ≠ betyg

Bedömning = enskilda uppgifter

Betyg = sammanvägning

Hur ska en sammanvägning gå till? Hur ska
underlaget sammanvägas?
Läraren är fri att, planera, undervisa, genomföra
undervisningen och bedöma kunskaper.
Läraren ska också hjälpa eleverna framåt.

Hur ska detta leda till en likvärdig betygsättning?
Det är en didaktisk utmaning som lärarna står
inför.

De ska balansera och avgränsa, ge eleverna vissa
obligatoriska uppgifter och större uppgifter.

När jag kom tillbaka efter mer eller mindre 30 år
utomlands, sa en kollega till mig," Du, betygen
sätter vi nu utifrån vad varje elev har presterat"
"Javisst" sa jag "Det har jag alltid gjort". Epoken
med relativa betyg undervisade jag på en dövskola
och med 5 elever i en klass blev det ju aldrig någon
normalfördelning.

Nu har betygen förändrats några gånger sedan år 2000, när jag började. Vad har man vunnit med det?

Är eleverna mer motiverade nu?

Lär de sig mer?

Skolan är ju till för eleverna.

Det enda som har hänt är att lärarna har fått mer att göra. Det är inte det vi vill. Vi vill att lärarna ska bli bättre, med mer kreativa och intressantare lektioner.

Utomlands var jag van vid procent som mätstock vid betygsättning. 95%- 100% utmärkt mindre än 60% underkänt sedan en skala däremellan.

Det är kunskap läraren ska bedöma, känslan får inte påverka betygsättningen så att engagerade elever får bättre betyg. Det är kunskap som ska betygsättas.

Om läraren använder sig av formativ bedömning blir det små ofta förekommande "prov "som ger eleven möjlighet att misslyckas, att fråga, att lära sig och att befästa lärandet.

Vid summativ bedömning känner sig eleven övervakad vågar ofta inte fråga av rädsla, vågar inte misslyckas och kan inte befästa lärandet på grund av psykologiska faktorer.

Nu har lärarna också en digital didaktisk utmaning. Vilka är riktlinjerna? Inga Nationella prov. Må det bära eller brista.

Eleverna har rätt att lyckas. Betygen måste vara något som bygger på kunskap och eleven måste i förväg få veta vilken kunskap, som bedöms och läraren behöver utvärdera detta över tid.

De Nationella proven må vara att de tar tid att rätta, men de ger en utmärkt bild av elevens kunskap i slutet av terminen.

Så om det inte finns Nationella prov bör väl lärarna tillsammans bestämma hur de ska bedöma sina elever så att det bli likvärdigt.

De nationella proven bör inte vara digitala. De kan skannas och skickas till externa examinatorer, så som IB programmet har.

Dessa examinatorer är utbildade och blir varje år kontrollerade på sina kunskaper innan de får rätta proven.

De nationella proven garanterar en viss likvärdighet i betygen i hela landet om de rättas centralt inte annars. Bedömning är en process för att dra slutsatser.

Respons är kärnan i formativ bedömning Försök till förbättring.

Använd återkoppling. Ge tid till förbättring.

Nationella prov hjälper oss att vara rättvisa. Våren 2020, när undervisningen blev digital för Gymnasiet från och med mitten på mars, undrade de flesta lärare in i det sista "blir det Nationella prov eller inte"? Beslutet kom att dessa skulle ställas in, men det kom väldigt sent. Detta betydde att lärarna inte var förberedda för detta och betygsättningen fick helt säkert lida av detta.

Vid betygsättning ska man allsidigt värdera varje elevs kunskaper.

För att betygsättningen ska bli likvärdig i hela landet måste det finnas något normerande som lärarna kan hänga sig fast vid. Har man en klass med duktiga elever ska dessa få bra betyg och har man en grupp elever som är svaga kan det nationella provet vara en stor hjälp vid betygsättningen.

Att beslutet nu kom tidigt att det inte blev några nationella prov i vår (2021) är bra, för lärarna kan förbereda sig i tid, men det blir naturligtvis mer jobb för lärarna att själva få fram ett normerande prov, som gör betygsättningen rättvis.

För att vara rättvis är ett ledmärke för oss lärare när vi sätter betyg och då känns det bra att ge eleverna ett nationellt prov.

Lika för alla och lika bra för alla. Ta inte bort de nationella proven någon mer gång. Det behövs nationella riktlinjer för att få likvärdiga betyg i hela landet.

Betyget ska spegla den kvalitet som eleven har på sitt kunnande vid tiden för betygssättningen. (Skolverket)

Lärare ska göra en allsidig bedömning av elevers kunskaper och betygsätta dessa i förhållande till de nationella kunskapskraven." (Lgy 11)

Betygssättning – en mångdimensionell aktivitet i lärares yrkesutövning *Ilona Rinne, Göteborgs universitet*
Undervisningen bör vidga våra sinnen och betygen ska vara en belöning för gott arbete.

13

Var dig själv
det finns redan så många andra

Eleverna är vår framtid.

Vi skapar dem till en framtid ingen vet hur den ser ut.

Lektionerna måste:

Ha ett innehåll,

som leder till kunskap,

som inspirerar eleverna och

som är anpassat efter lärandemålen

samt vidgar vyer.

Ha, initial och fortlöpande bedömning av elevernas beredskap och progression samt engagera alla elever och vara ett verktyg i undervisningen.

Resultatet blir aktiva och ansvarstagande elever med förväntningar och krav på sig själva.

Hur lektionen blir beror på läraren.

Alla lärare är bra, men alla kan bli bättre.

Läraren kan till exempel ta lektionen som ett möte om de så vill.

1. Var väl förberedd
   a) Ha ett underlag
   b) Ha en plan
   c) Informera om planen
2. Ha en tydlig struktur
   a) Dagordning (osynlig om du vill)
   b) Alla som vill kommer till tals
   c) Sätt hålltider
   d) Ta vara på kompetenserna
3. Avsluta
   a) Sammanfatta
   b) Visa resultat
   c) Dela eventuellt ut uppgifter till nästa lektion
   d) Notera effekterna (i korta drag) av lektionen

Eleverna tycker om

1. att kunna välja,
2. att bli inspirerade
3. att tas som medhjälpare
4. att kommunicera vad de ska göra

Läraren lär eleverna att tänka kritiskt, vara kreativa och att bli guidade.

Det är en stor utmaning att vara lärare.

Det är lätt att vara bra, men du måste alltid tänka att du alltid kan bli bättre. Det ska alltid finnas en förbättringspotential.

Lärare har makten att ändra på framtiden för dessa våra elever.

Vi definierar vem vi är genom det vi gör.

Återkoppling och respons är två av nyckelorden för både lärare och elever för förbättring.

Bli din egen återkopplare, tänk efter, hur gick det?

Hur kunde jag gjort annorlunda?

Om du inte får feedback hur kan du då förbättras?

Målet först   ⇒ sedan processen.

Vad ska vi göra? ⇒ Hur ska vi göra det?

Elevernas behov är viktigare än lärarens önskningar.

Vem kan döma en lärare?

Det är bara eleverna som kan det.

Vad menas med undervisningskvalitet?

Helt säkert har du varit på en föreläsning, som du tyckt varit tråkig och ointressant, men du har också varit på möten som varit intressanta och lärorika.

Andra kan tycka precis tvärtom. Det beror på var åhörarna befinner sig, relaterat till ämnet på föreläsningen.

Precis så är det på lektionerna.

Det som görs måste vara anpassat till åhörarna och så ska det vara varje dag, varje lektion.

Hur kommer vi dit? Hur ska vi göra?
Vi måste lära oss hållbart lärande och eleverna måste förstå att de måste ha koll på sitt eget lärande och sin egen kunskap.

Jag såg när en klass fick tillbaka ett prov. Många var besvikna och rev bara sönder provet, en pojke satte sig ner och kollade och sa: "det är ekvationer jag inte kan, ekvationer av alla sorter." Han ville ha koll på sitt lärande och nästa gång är jag helt säker på att all slags ekvationslösning satt helt klart i hans hjärna.
Eleven har rätt att lyckas. Det är inte deras fel att undervisningen är som den är.

Lärarna är bra, men måste bli bättre. De måste bli bättre på kommunikation och reflexion, återkoppling, repetition.
Lärare måste lära eleverna att tänka.

Lär dig använda alla frågeord ofta.

Vad? När? Hur? Var? Varför? Vem? Vilken? Vilket? Vilka? Vart?

Ha problemlösningsstrategier.

Testa mera för mer inlärning

Testbaserad inlärning stimulerar
Testa dig själv på nyckelbegrepp.
Fler tester kan ge bättre inlärning
I klassrummet kan man starta lektionen med ett litet test med frågor utifrån föregående lektion, lägg in två, tre frågor var 15:e minut eller avsluta lektionen med ett test.

Låt eleven svara på någon fråga i slutet av lektionen och samla in dem vid utgången.

Då får jag, läraren, reda på om eleverna förstått det jag ville att de skulle förstå och plattformen för nästa lektion är klar när jag kollat igenom svaren.

Feedback förstärker effekten av undervisningen och är en värdefull kunskap till läraren. Feedback ger också eleverna mer drivkraft att prestera och visa att de kan och det är bara läraren som kan ge detta till eleven. Den läraren som sätter betyg.

14

Vissa människor känner regnet andra blir bara blöta

Matematik är ett ämne som anses vara lätt att undervisa i. Vi har en bok och en tavla, penna och en linjal och då klarar vi oss. Eleverna sitter och räknar och sedan är lektionen slut tror många.

I en klass finns ungefär 30 elever, ingen är den andra lik, men alla ska sitta i samma rum och lära sig samma saker.

Det är vi lärare som ska se till att de under tiden de är i skolan får tillgång till ett språk och ett sätt att vara i klassen och i skolan så att alla 30 fungerar, accepterar och tolererar alla i klassen.

Det är vi lärare, som ska se till att det fungerar och är utvecklande för alla, som kan ge dem möjlighet att hitta rätt i framtiden under trevliga och för alla acceptabla former.

Det är vi, som har instrumenten i handen, som gör att eleverna i framtiden kommer att kunna arbeta tillsammans med andra människor.

Det är vi som ger dem alla ingredienserna så att de själva sedan kan fungera i samhället. Utbildning och utveckling pågår hela livet och speciellt under tonårsåren har vi som lärare ett stort ansvar.

Jag förberedde alltid speciella fredagar. Vi jobbade i grupper. Ibland gav jag alla grupper samma problem, ibland fick alla grupperna 5 olika problem. Redovisningen skedde på tavlan grupperna och en grupp var jury och rättade. Grupperna valdes ut slumpvis varje vecka, de väljer själva ut genom att dra ett kort från en kortlek och fyrorna blir en grupp och femmorna en annan etc.

Alla eleverna var med och fick fram lösningar, de lärde av varandra. Fredagen med hela klassen var dagen när vi utvärderade, lekte. Då vi förstod och njöt av matematiken, som vi hade jobbat med under veckan. Det blev ett långt problem, ett korsord, frågesport eller en undersökning där de ska komma fram till ett resultat i allmänhet en formel eller annat samband.

De ville lära sig matematik, och de ville visa att de kunde. De lärde sig av varandra, instrumenten hade de sedan förut och redovisningen skedde på tavlan eller muntligt. Jag gav eleverna den självkänsla som de behövde för att ha en positiv inre dialog med sig själva, sina kamrater, med matematiken och med mig.

Jag ville att eleverna skulle känna inför varje matematiklektion att deras förväntan infriades och att de arbetade för att lära sig så att deras engagemang ska bli optimalt.

Jag ville ge dem insikt i sitt eget lärande.

Det är olika sorters uppgifter varje gång, och alla grupper arbetade med samma mål. Alla klarade av sina uppgifter och det fanns alltid tid för uppsamling och genomgång och utvärdering av arbetet.

Målsättningen var att alla skulle förstå och kunna klara av det som låg på deras nivå.

Vi visade lösningar på tavlan och diskuterade och utvärderade. Vi kommenterade också om det var svårt eller lätt och vad som gjorde att det var besvärligt.

Vi hade gruppdiskussioner och det var alltid intressant att utvärdera läxor, lösningar och arbetssätt.

Inför problemlösningen brukade jag ge dem det klassiska Smith, Jones and Robinson problemet, som håller diskussionen igång långt efter lektionen.

Bestämda integraler lär jag ut med ett småkaks - recept där svaren är antalet ägg eller hur många matskedar etc., som behövs för att baka <u>Dream cookies.</u>

Dagen efter kom en pojke med Dream cookies med choklad i, till alla i klassen som han själv hade bakat. Han vill pröva om det var ett bra recept.

Det glömmer jag aldrig och inte klassen heller.

Vad blev då resultatet?

Eleverna visade respekt för varandra, de lyssnade på varandra och de hjälpte och förklarade för varandra.

De som hade lätt för matematik delade med sig till den som hade det lite svårare och alla lärde sig.

Eleverna förstod med tiden att det inte var antalet uppgifter de löste som bestämde om de kunde klara av uppgifterna, det var förståelsen de måste komma till, och dit kom vi tillsammans.

Jag gav eleverna kunskap och de instrument som de behövde för att lösa problemen och förstå problemställningarna.

Så få problem som möjligt, väl valda, ger mer kunskap. Enkelhet ger makt och kunskap, och kunskap hittar vi i många böcker inte bara i en. Utvärderingar nu och då så att jag fick veta vad eleverna kunde.

Ibland blev det i form av små korta skrivningar där jag frågade om det som jag tyckte de borde kunna och där de själva kunde se om de har nått upp till målet.

Eleverna rättade själva eller gav provet till en god vän, som rättade. Vi kommenterade efteråt naturligtvis, och jag fick se resultatet.

Ibland bad jag dem skriva brev till mig utan namn, men med kommentarer om vad de hade tyckt varit bra eller mindre bra.

Vad de ville se mera av, eller också vad de tyckte var svårt och ville öva mer, eller också det de tyckte hade varit dåligt och ville ändra på, eller om det hade gått för fort till exempel.

Det värdefulla var att de tyckte om att komma på lektionerna och att de kände att jag var där för att hjälpa dem.

Så kommer vi till matematikboken.

Det är svårt att läsa en matematikbok alldeles själv, därför är det viktigt att de tycker att det är meningsfullt och roligt att komma även om det är svårt ibland, de arbetar tillsammans, vi arbetar tillsammans.

Alla arbetar alltid på samma moment, vilket gör att vi kan ha klassdiskussioner om vissa teman.

De får omväxling, de lär sig nya sätt att tänka det är kunskap vi strävar efter.

Det är metoderna som är viktiga att lära sig och metoderna finns i alla böcker, hemligheten är att plocka ut det som är viktigt och att ha många böcker att välja mellan och det är det som gör att eleverna utvecklas i sina matematikkunskaper.

Arbetssättet är omväxlande och grupparbetet gör att de lär av varandra.

De ser att alla böckerna har samma saker och förklarade på nästan samma sätt men med olika exempel.

Där ser de metoden, där har de kunskapen, som är vårt mål.

För att eleverna ska utvecklas, måste de förstå, genomföra och utvärdera.

Det är det vi gör varje dag och varje vecka inom varje kurs genom att använda språket för att kommunicera med varandra inom grupperna och inom klassen.

Klassandan blir en annan och inställningen till matematiken som ämne blir helt annorlunda. Eleverna hjälper varandra och tar alla lärdom av det. De känner att de lär sig och förstår och klagar inte. De kommer med glädje till lektionen.

Matematik är inte bara att sitta och räkna i en bok, det är ett språk som kan forma och förändra livet när det används på rätt sätt.

15

Det förflutna kan vi inte radera ut Vi får acceptera det

Det finns alltid en bakgrund, en anledning till att livet blir som det blir. Det var svårt att förstå just då, hur stor betydelse i mitt liv, det hade att mamma blev sjuk och dog. Det är ju inget man väljer, men det man väljer sedan beror på detta. Jag förstod det inte alls när jag gick mitt näst sista år på gymnasiet och det hade bestämts att vi skulle flytta till Uppsala för mamma skulle få bättre vård där än i vår lilla stad.

Mitt liv blev så att säga avbrutet, genom att jag fick byta skola, byta kamrater och lärare.

Jag missade upplevelser både här och där. Det var alla upptåg innan studentskrivningarna och alla fester efter muntan.

Jag var ju inte någon del av det nya och det gamla hade jag ju flyttat från.

Att mamma dog precis i början på min sista termin, i början på januari, gjorde inte det hela lättare. Jag tog studenten.

Så kom det ett sedan.

Vad skulle jag göra? Vad kunde jag göra?

Vem hjälpte mig att välja?

Ingen.

Jag ställde mig i kön på Universitetet för att skriva in mig som Matematikstuderande.

När det gått ett år och frågade pappa. Hur gick det? Svarade jag. Dåligt. Svaret jag fick var kort.

Det blev det nästa avgörandet i mitt liv: "Du, du duger inte till något." Sa pappa.

Då fanns inga kuratorer inga terapeuter, då fick man klara sig själv.

Då tänkte jag på mamma. Hon skulle ha sagt, "Det går bättre nästa gång".

Jag blev lärare. I matematik. Jag lärde mig tro på mig själv och just då fanns det inget bättre att göra i livet. Det gällde att återvinna förtroendet.

Hantera verkligheten.

Det finns alltid två möjligheter, en är bättre än en andra och man kan vinna eller förlora.

För en god förlorare är processen en seger.

Det gäller att våga.

Var klar och tydlig, inge respekt, du vet vad du ska göra och du gör det om och om igen.

Du äger dina egna misstag och lär av dem.

Jag sa alltid till eleverna: "Det går bättre nästa gång". Tänkte så för mig själv också.

Jag samlade strategier. Allt som lyckades var bra.

Jag behövde redskap.

Ordning och reda, studiero och särskilt stöd. Man måste vara uppriktig och optimistisk.

Inget ska vara omöjligt, alla måste komma en bit på vägen.

Jag var engagerad. Det hjälpte också.

Jag trodde på alla människors lika värde, nytänk, öppenhet, kommunikation, respekt och intresse.

Alla behövs, men inte till vilket pris.

I Guatemala var det inte vanligt att en ung utländsk kvinna undervisade i matematik och framför allt inte på Universitetet, där var det manliga ingenjörer som gällde.

Men ingenjörerna var inga pedagoger och visste ingenting om återkoppling och feedback i allmänhet. Det gällde att visa eleverna att jag var en bättre lärare. Det gick, men det tog tid.

Jag har känt motvind i mina dagar.

För mig var allt detta, både motgångar och utmaningar på en gång.'

Jag ville inte misslyckas, och för mig var eleverna alltid det viktigaste.

År 2000 flyttade jag tillbaka till Sverige, fick tjänst på ett gymnasium och fick undervisa matematik på engelska. Jag kände mig stolt för jag fick nyckeln till skolan.

Jag tyckte alla svenska lärare var bortskämda. Det fanns TV och videospelare i alla klassrum och overheadapparater. I Guatemala hade vi en overhead på hela skolan med 800 elever. Vaktmästaren hade nyckeln till klassrummen och låste upp.

Mitt jobb var min oas i livet och jag älskade det. Underbara elever och trevliga kolleger. Bli sedd bli hörd bli lyssnad på.

Jag har alltid haft elever. De behövde hjälp till ett livslångt lärande och jag kunde ge dem lite av detta.

Jag har upplevt mycket. Mycket att acceptera, förbättra och tro på. Från den svarta tavlan till det digitala.

Gör vad du kan, med det du har där du är just nu.

Jag har nu berättat om hur jag hittade vägen till en meningsfull undervisning. En undervisning som ger oss motiverade elever fyllda med kunskap och bildning, redo för livet.

Byt perspektiv i matematikundervisningen, i språkundervisningen i skolan som helhet. Blanda det digitala med det vanliga. Ha kortkurser. Var kreativ och flexibel. Det ska vara meningsfullt för åhörarna, för eleverna. Våga byta perspektiv.

16
Byt perspektiv.
En sammanfattning

Alla länder är olika. När det finns många problem finns det också många lösningar. Vi måste hitta det som passar oss bäst när det gäller vår skola.

Vad händer i framtiden? Det kommer många lösningar från forskningen. Forskning visar bara det som varit. Den visar aldrig vad som komma skall.

" Experience is the best teacher"

- Vi vill ha nöjda elever, som når sina mål, som mår bättre, som får lära sig mera, oberoende var de bor i landet.
- Vi vill ha bra skolor, en skola med lämpliga och kompetenta lärare
- Vi vill ha kunniga, duktiga och engagerade lärare som bara blir bättre och bättre.

Det är för eleverna som skolan finns. Anpassa skolan. Varför inte lära barnen språk lite tidigare? Öppna ett Mattecentrum på varje Gymnasium. Elever lär sig bättre om belöningen kommer snabbt.

För elever behövs en mer flexibel och bättre skola med kortkurser i olika nivåer, där man använder dels digital undervisning och vanlig klassundervisning.

I pandemitider skulle det dessutom kunna vara ett alternativt sätt att arbeta, ett sätt att snabbt klara av en kurs, ett betyg. Kortkursen i alla matematikkurser på olika nivåer. 7–8 veckor per kurs. Snabbt och bra. Efter skolan ska betygen kunna läsas upp på komvux.

Det ska finnas möjligheter.

Varje elev kan bara bli bättre. Varje elev har en stor potential.

Återkoppling från läraren medverkar till tänkandet
Läraren ska inspirera andra och uppnå förändring.
Lära sig hantera vardagen.
Vara trygg och annorlunda och motivera eleverna.
Bli bättre på att undervisa.

Be om hjälp.

Det gäller att förstå vad man behöver och se till att man lär sig detta.

Lära ut mer på samma tid.

Ha en lärarassistent.

Räkna framgångsfaktorer.

Alla lärare måste göra det som behövs för att eleverna ska trivas.

Börja där eleverna är och fortsätt.

Forma och förbättra kompetensen hos eleven och utred missförstånd.

Bra lärare är nyfikna och kan ställa frågor så att elever börjar tänka.

Sålla mer i läroplanen eller läroboken.

Varje lärare kan vara en bättre lärare nästa månad, då förändras skolan.

Svårigheten är att överleva som lärare.

Ha med dig eleverna på resan.

Tidpunkter viktig, inte för tidigt, inte för sent, välj rätt tidpunkt. Förbättra det du kan.

Alla lärare är bra men måste bli bättre. Då förändras skolan.

Från den svarta tavlan till det digitala. Så var mitt liv i skolan. Jag har delat med mig av min

erfarenhet. Förändra det du kan. Att undervisa är att förändra och påverka för alltid.

Du som lärare kan förändra skolan. Gör något, förändra något. Bli lite bättre varje dag. Lärare bör starta en revolution, inte genom att kämpa mot systemet, utan de kan förändra saker och ting i tysthet och om tillräckligt många gör detta i samma riktning, samtidigt, så förändras systemet.

I samma riktning, samtidigt

Gör vad du kan,
med det du har
där du är just nu.

Referenser

Andersson Varga Pernilla Skrivundervisning i gymnasieskolan. Svenskämnets roll i den sociala reproduktionen. 2014-01-01 Tolka och skriva text i skolans alla ämnen 2015

Anette Bagger," Bedömningsstöden i de tidiga skolåren. En möjlighet till ökad kvalitet och likvärdighet i matematik?" "Digitalisering av nationella ämnesprov i matematik"

Arenius Anna-Karin, "Coachning - ett verktyg för skola

Aspelin, Jonas "Sociala relationer och pedagogiskt ansvar" 2013

Bagger Anette Prövningen av en skola för alla Nationella provet i matematik i det tredje skolåret

Bandler Richard och Kate Richard Teaching Excellence

Barton Craig "Hjärnan i matematikundervisningen"2018

Barton Richard, Kate Benson" Teaching Excellence"

Berggren Per och Maria Lindroth Lärarna matematikinspiration för svenska elever.

Boule Jo "Matematik med dynamiskt mindset"

Comenius den tjeckiske tänkaren"

Dweck Carol psykologiprofessor, "Mindset – du blir vad du tänker".1999

Engvall. Sara, Opening the black box of mathematics teachers' professional growth: a study of the process of teacher learning, 2019

Enkvist Inger, Henrekson Magnus och Ingvar Martin, Skolan behöver ett nytt paradigm 2018

Fullan Michael, Hargreaves Andy, Kumm Björn" Professionellt kapital att utveckla undervisning i alla skolor"2013

Gardesten. Jens Avlastning av lärare? Ett projekt om lärare, lärarassistenter och förhandlingar om professionella gränser 2017–2020

Gulz Agneta "Så skapar du motivation hos eleverna"

Hattie, John. "Synligt lärande för lärare". Stockholm: Natur & Kultur, 2012 professor vid University of Melbourne, Australien,

Hirsch Åsa vill utveckla lärandet med formativ undervisning.

Hirsh, Å. (2017). Formativ undervisning: utveckla klassrumspraktiker med lärandet i fokus. Stockholm: Natur & Kultur.

Hirsh. Formativ undervisning – utveckla klassrumspraktiker med lärandet i fokus

Holmlund Helena. Forskaren vid IFAU

Isaksson Christer " Kommunaliseringen av skolan: vem vann - egentligen?"2011

Kamran Namdar. "Sökandet efter den globalt goda läraren"

Klingberg. Torkel Källa: "Den lärande hjärnan" 2011

Lundgren Ulf P Lärande, skola, bildning 2020

Knutson Ulrika Kulturjournalisten och författaren

Lindberg Doris Problemlösning med Singaporemodellen
– "Quick respons" 2018

Ljuslinder Karin Gestaltmetodens bidrag till relationell
pedagogik 2015

Lucassi Tommy, Larsson Malin"Vässa undervisningen –
en liten handbok i konsten att ställa stora frågor"2019

Malmberg Fredrik Specialpedagogiska
Skolmyndighetens generaldirektör

Nilsson. Jonas och Karlberg Martin Handbok i
klassrumsledarskap"2020

Nylander Christer" fel åtgärder i fel tid". Ordförande i
Kulturutskottet,

Perls Fritz psykoterapeuten" School Of Thought"

Rider Sharon "Den tveksamme bekännaren och andra
essäer" 2021

Strand Anne-Sofie"Skolk ur elevernas och skolans
perspektiv" 2013

Sülau Veronica "Vad händer i lärares
kollegiala samtalspraktik?" 2019

Tidningen Skolvärlden 2010 -2021

Walsö Malin, Frida Malmgren. Litteratur "Goda
lärmiljöer Fysisk lärmiljö: optimera förtrygghet, arbetsro
och lärande

Wikforss. Åsa Alternativa fakta: om kunskapen och dess
fiender 2020

Wiklund-Hörnqvist Carola Låt den faktiska
klassrumsverkligheten styra, mer test i klassrummet
2016

Wiliam Dylan "Att leda lärares lärande" 2016, Skolor
som våra barn behöver - Så skapar vi dem 2019, Att följa
lärande - - formativ bedömning i praktiken 2019

Vinde Rickard Vd för Svenska Läromedel
(läromedelsförlagens branschförening)

Skolinspektionen

Skolverket